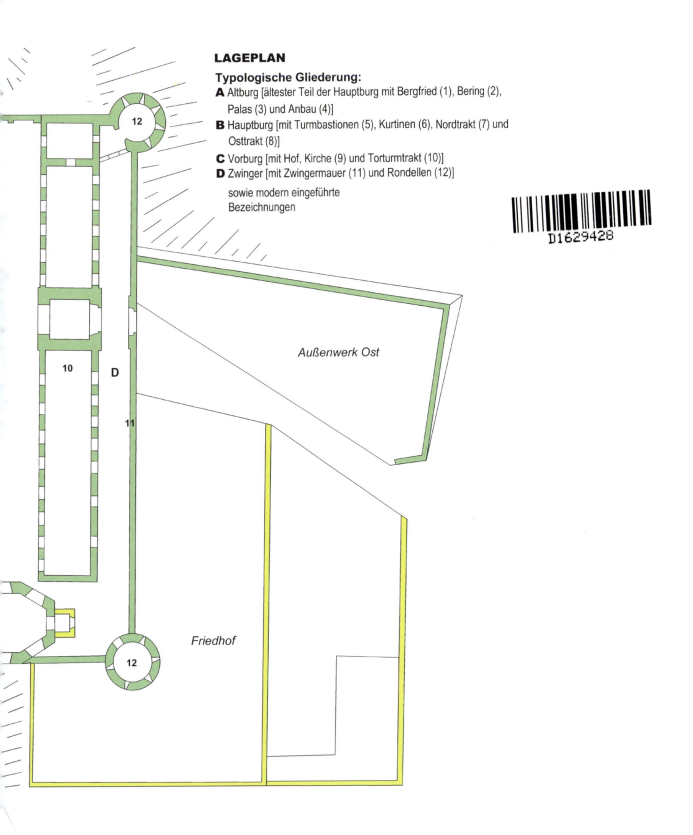

LAGEPLAN

Typologische Gliederung:

A Altburg [ältester Teil der Hauptburg mit Bergfried (1), Bering (2), Palas (3) und Anbau (4)]

B Hauptburg [mit Turmbastionen (5), Kurtinen (6), Nordtrakt (7) und Osttrakt (8)]

C Vorburg [mit Hof, Kirche (9) und Torturmtrakt (10)]

D Zwinger [mit Zwingermauer (11) und Rondellen (12)]

sowie modern eingeführte Bezeichnungen

Außenwerk Ost

10

D

11

12

12

Friedhof

Burg und Ort Neuhaus im Wienerwald

Impressum

Verleger: Kral-Verlag, Kral GmbH
J.-F.-Kennedy-Platz 2
2560 Berndorf
Tel: +43 (0)660 4357604
Fax: +43 (0)2672 822 36-4
E-Mail: office@kral-verlag.at

Für den Inhalt verantwortlich: Mag. Ralf Gröninger, DDR. Patrick Schicht,
Mag. Helene Schießl, Dipl.-Ing. Franz Gober MBA

Umschlag- und grafische Innengestaltung: Bettina K. Lechner, newhouse new media

Fotos: Siehe Bildernachweis Seite 254

ISBN 978-3-99024-774-7

Printed in EU

Besuchen Sie uns im Internet: www.kral-verlag.at oder auf
www.facebook.com/KralverlagBerndorf

Der vorliegende Buchinhalt wurde sorgfältig erwogen und geprüft und beruht auf
gründlicher Recherche und eigenen Erfahrungen der mitwirkenden Personen.
Dennoch kann vonseiten des Verlags keine Garantie übernommen werden.

Gröninger | Schicht | Schießl | Gober

Burg und Ort Neuhaus
im Wienerwald

INHALTSVERZEICHNIS

GELEITWORT

P. Karl-Heinz Wiegand
Sam. FLUHM, Pfarrer

Die Burg ist wohl das älteste Gebäude von Neuhaus. Im Laufe der Geschichte waren immer wieder die Burg und dann auch die Kirche in wichtiger Funktion des Ortes. So ist die Aufarbeitung von der Zeit der Entstehung bis heute hervorragend gelungen und wird in diesem Buch dokumentiert. Seit der Generalsanierung und Revitalisierung wurden die Burg und die Kirche zur Begegnungsstätte der einheimischen Bevölkerung und vieler Besucher. Denn die Burg hat durch das „Herzblut" so vieler ehrenamtlicher Helferinnen und Helfer Anziehungskraft erlangt und verleiht dem ganzen Ambiente ein besonderes Flair. Aus der alten Burg ist dank der starken Gemeinschaft wieder ein Stück Identität gewachsen.

Auch das Zusammenleben und die Zusammenarbeit zwischen Pfarre, Gemeinde und anderen Institutionen haben sich als problemlos und gegenseitig befruchtend erwiesen. Ich danke dem „Team" Burg Neuhaus, allen Helferinnen und Helfern, der Erzdiözese Wien, dem Land Niederösterreich, dem Bundesdenkmalamt und der Gemeinde. Sie alle haben mit großzügiger Unterstützung diese Generalsanierung und Revitalisierung möglich gemacht. Dank auch allen Spendern, die durch ihre Zuwendungen dazu beigetragen haben, sowie allen Firmen, die oft weit über ihren Auftrag hinaus den Baufortschritt unterstützt haben.

Ich wünsche diesem Ort eine gute Zukunft zum Wohl der vielen Menschen, die einander hier begegnen.

Gottes Segen!

P. Karl-Heinz Wiegand Sam. FLUHM, Pfarrer

Johann Miedl
Bürgermeister

Bürgermeister
Johann Miedl

Sehr geehrte Damen und Herren, geschätzte Bevölkerung!

Ich gratuliere dem Verein Burg Neuhaus zum Abschluss der Renovierungsarbeiten auf das Aller-herzlichste. Diese Arbeiten begannen vor rund 15 Jahren. Zur Erklärung des Namens: Im 13. Jahrhundert entstand eine Anlage, das „Feste Haus", das zum Grundstein der Burg Neuhaus wurde. In Urkunden wird es als „Novum castrum" bezeichnet, was „Neue Burg" oder „Neues Haus" bedeutet. Die geschichtliche Entwicklung der Burg können Sie in diesem Buch und auch im Heimatbuch der Marktgemeinde nachlesen.

Im Jahr 2002 übernahm Pater Antoni Ulaczyk vom Orden der Herz-Jesu-Priester die Betreuung der Pfarre Neuhaus. Pater Antoni holte einen neuen Pfarrgemeinderat zusammen und leitete die jüngste Renovierungsperiode ein.

In der ersten Renovierungsphase, die im Jahr 2003 begann, wurden der Pfarrsaal, der Rosengarten und die Pfarrkirche innen und außen renoviert. Am 9. September 2006 wurde der neue Altar von Herrn Kardinal Christoph Schönborn geweiht. Anschließend wurde in würdiger Form gefeiert.

Im Zuge der zweiten Renovierungsphase, die im Jahr 2007 nach diversen Vorarbeiten in Angriff genommen wurde, konnten unter anderem die Sicherung und Sanierung der gesamten Außenanlage der Hauptburg und die Sanierung des Nordtraktes mit der Errichtung des Burgsaales für Veranstaltungen durchgeführt werden.

Das gesamte Projekt wurde vom Land Niederösterreich, der Erzdiözese Wien und der Marktgemeinde Weissenbach über mehrere Jahre großzügig gefördert. Weiters ist es uns gemeinsam gelungen, eine Förderung in der Höhe von € 180.000.- über die LEADER Region zu erhalten.

Als Bürgermeister hat mich an diesem Projekt die äußerst gute Zusammenarbeit mit der Pfarre und dem Verein Burg Neuhaus (im Jahre 2010 gegründet) und mit der Erzdiözese Wien gefreut. Besonders möchte ich zwei Personen nennen, mit denen ich mich immer auf Augenhöhe austauschen bzw. unterhalten konnte. Zum einen spreche ich dem Leiter des Bauamtes der Erzdiözese Wien, Herrn Arch. DI Harald Gnilsen ein herzliches Dankeschön aus, zum anderen danke ich dem Stv. Vorsitzenden des Pfarrgemeinderates Neuhaus, Herrn DI Franz Gober. Ich bedanke mich auch bei Herrn Ing. Leopold Link und dem gesamten Team der Erzdiözese Wien sowie bei den Pfarrgemeinderäten der Pfarre Neuhaus. Herr DI Franz Gober war für mich der „unermüdliche Motor", der mit seinem umsichtigen Agieren ausgezeichnete Arbeit geleistet hat.

Hervorheben möchte ich auch den Einsatz aller freiwilligen Helferinnen und Helfer und auch die Leistungen der ausführenden Firmen. Sie alle zeigten, dass durch besonderen Fleiß und Engagement wirklich „Großes" entstehen kann. Dieses Bauvorhaben forderte von der Pfarre und dem Verein Burg Neuhaus großen Einsatz über viele Jahre.

Für mich ist es immer wieder ein Erlebnis, die diversen Veranstaltungen wie z.B. das G'wölbfest, die Sommerspiele, Konzerte, den Burgtratsch oder den Adventmarkt zu besuchen. Das Ensemble „Kirche und Burg" wird auch sehr gerne als besonderer Ort für Trauungen und Hochzeitsfeiern oder sonstige Feste genutzt. Der Verein Burg Neuhaus ist mit Sicherheit schon weit über die Bezirksgrenzen hinaus als Garant für erfolgreiche Veranstaltungen bekannt.

Wir sind sehr stolz darauf, was alles gemeinsam in den letzten Jahren zur Weiterentwicklung bzw. zur Revitalisierung der Burg Neuhaus unternommen wurde!

Mögen dem Verein niemals der Idealismus, die Schaffenskraft und die Ziele abhandenkommen.

Ich wünsche alles Gute!

Für die Marktgemeinde Weissenbach

Bürgermeister Johann Miedl

Vorwort für Festschrift Burg Neuhaus

Arch. Dipl.-Ing.
Harald Gnilsen

Neuhaus ist ein Ort mit einer langen Siedlungsgeschichte. Sie reicht bis in die Zeit vor Karl dem Großen zurück und Mitte des 13. Jhs. wird in der Babenbergermark ein „Festes Haus in Niwenhaus" bekundet. Der älteste erhaltene Teil der Burg mit seinem Bergfried lässt auf eine wehrhafte und bedeutende Burganlage schließen. Die Chronik berichtet über eine sehr wechselvolle Geschichte, in der die Burg mehrere Blütezeiten aber auch Niedergänge und Verwüstungen aufweist. Die Burg Neuhaus ist sozusagen ein „Spiegel" der Zeit und das im Sinne des Wortes, denn mit Beginn des 18. Jhs. wurde dort nach der Zerstörung durch den Türkeneinfall 1683 die größte und bedeutendste Spiegelfabrik Mitteleuropas eingerichtet. Ab Mitte des 19. Jhs. wechselte die Burg mehrmals ihre Besitzer. Am Ende des Zweiten Weltkriegs zerstörten neuerlich heftige Kampfhandlungen die Burganlage schwer. Ab 1978 wurde der Vorburgtrakt privat wiedererrichtet und genutzt, die Hauptburg mit dem Pfarrhof und die Kirche der Pfarre Neuhaus übertragen, die nach notdürftiger Sanierung Ende der 70er Jahre des 20. Jhs. in einen Dornröschenschlaf verfielen. Dabei überwucherten nicht nur Dornen die Gartenterrasse und die westlichen Burgreste, sondern darüber hinaus verwahrlosten die gesamten Innenräume. Mit Beginn des 21. Jhs. standen wir vom erzbischöflichen Bauamt vor der großen Herausforderung, den Pfarrhof von Dornen und Müll zu befreien. Ein Neubeginn und neues Leben in der Pfarre schien nun möglich. Die Voraussetzungen dazu standen aber nicht zum Besten, denn die Revitalisierung der westlichen Burg und der Pfarrkirche glich einer Herkulesaufgabe und die Frage „für wen" ließen viele an der Notwendigkeit zweifeln. Auch für mich stellte sich die Frage, ob es gerechtfertigt ist, große Geldbeträge aus Kirchenbeitragsmitteln in die Revitalisierung eines zu großen Objektes für eine nicht erkennbar lebendige Pfarre zu investieren.

An dieser Stelle möchte ich einer Person besonderen Respekt zollen. Franz Gober kam 2002 zu uns ins erzbischöfliche Bauamt und er glaubte felsenfest an den Neubeginn des pfarrlichen Lebens im westlichen Burgareal von Neuhaus. Zahlreiche Gespräche über Notwendigkeiten, Sinnhaftigkeiten,

Nutzen, Pläne, Ziele usw. ließen das Vertrauen in ihn wachsen und die gemeinsam gesetzten Schritte der Erneuerung festigen. Die Rodung der Gartenterrasse für Pfarrfeste, die Adaptierungen für Pfarrkanzlei und Besprechungsräume im Obergeschoß, der Einbau eines Pfarrsaals im Souterrain, die Erschließung und der Zubau für Sanitäranlagen, die Renovierung der Pfarrkirche und die Altarweihe, die Rodung des Freigeländes und die Sicherung der westlichen Burgtürme und Basteien waren Aufgaben vieler Jahre, die Herr Gober mit vielen pfarrlichen Helfern und Helferinnen gemeinsam mit meinem Mitarbeiter, Herrn Leopold Link vom erzbischöflichen Bauamt, vorantrieben und vollendeten. In zahlreichen Besuchen an Ort und Stelle wurden die einzelnen Revitalisierungsabschnitte miteinander festgelegt, sodass auch die Pfarrgemeinde mit der schrittweisen Revitalisierung an Lebendigkeit gewinnen konnte.

Bürgermeister Johann Miedl erkannte früh, dass sich durch die Revitalisierung der pfarrlichen Burg eine Chance und ein wichtiger Impuls in Neuhaus eröffnen wird und unterstützte das Gesamtvorhaben. Die erfolgreichen Revitalisierungsschritte stärkten das gemeinsame Vertrauen und rechtfertigten die bereitgestellten Mittel von Gemeinde und Erzdiözese sowie von Subventionsgebern des Landes und des Bundes.

Die aktuelle Revitalisierungsetappe ist der Einbau von Veranstaltungsräumen im Nordtrakt der Burg. Damit wird das Ziel erreicht, durch Feste, Feiern und Veranstaltungen Leben in die Burg zu bringen und Menschen aus nah und fern einzuladen. Der Einbau eines Versammlungsraumes, der Einbau von Foyer, Küche und Sanitärräumen, die barrierefreie Erschließung im ruinös verbliebenen Trakt der Burg erforderten besonderen Mut, Überzeugungskraft und Geschick. In konstruktiver Abstimmung mit dem Bundesdenkmalamt konnten die modernen Raumerfordernisse in den Kontext der historischen Burganlage eingebunden werden. Mit der Vermietung dieser Räume können in Zukunft zusätzliche Einnahmen für das pfarrliche und caritative Leben gewonnen werden.

Die Revitalisierung der Burg Neuhaus ist ein gelungenes Beispiel, wie durch Vision, Initiative und Beharrlichkeit eines Einzelnen zahlreiche Helfer und Helferinnen sowie Mitstreiter gewonnen werden konnten, damit aus einer im Dornröschenschlaf mit Dornen überwucherten Burg ein blühender Ort des pfarrlichen Lebens und der Begegnung entstehen kann. Dieser Neubeginn reiht sich nun als ein wichtiger Meilenstein in die viele Jahrhunderte dauernde wechselvolle Geschichte der Burg Neuhaus. Diesem Neubeginn sei eine lange Blüte des Lebens in der Gemeinde Neuhaus beschieden.

Arch. Dipl.-Ing. Harald Gnilsen,
Baudirektor der Erzdiözese Wien

Abb. 1: Kolorierter Kupferstich von Georg Matthäus Vischer, Topographia Austriae inferioris modernae, 1672 (Sammlung Müller)

Burg vom Friedhof aus (2009)

Kapitel 1

DIE BAUGESCHICHTE DER BURG

Ralf Gröninger

ieser Beitrag stellt eine aktualisierte Fassung der durch den Autor im Mai 2009 durchgeführten bauhistorischen Untersuchung dar, die im Speziellen den damals vom Umbau betroffenen Osttrakt der Hauptburg umfasste; die übrigen Bauteile der Burganlage – soweit nicht bewohnt – wurden ebenfalls fotografisch dokumentiert und unter allgemein-typologischen Gesichtspunkten in die Bauuntersuchung miteinbezogen.

1.1 Lage

Burg Neuhaus liegt über der gleichnamigen Ortschaft auf dem linken Talhang des Nöstacher Baches, der wenige Kilometer weiter bei Weissenbach in die Triesting mündet. Die Burg besetzt den westlichen Ausläufer des Hausberges, befindet sich also wie die meisten Burgen in Spornlage, auf der Süd- und Ostseite von einem ehemaligen Halsgraben vom ansteigenden Berghang abgetrennt. Der ehemalige Verlauf des Halsgrabens lässt sich noch anhand einer Geländemulde vor dem ehemaligen Außenwerk auf der Ostseite erahnen. Die Lage über der Gabelung der Straßenverbindungen nach Nöstach, Schwarzensee und Weissenbach, zugleich der Zugang zum Triestingtal, dürfte im Mittelalter eine nicht unbedeutende strategische Bedeutung besessen haben.

1.2 Historische Nachrichten zur Burggeschichte

Die heute noch bekannte Annahme, dass der Vorgängerbau von Burg Neuhaus ein befestigter hölzerner Burgturm gewesen sein soll, geht wohl auf Mutmaßungen Kryspins zurück und entbehrt jeder Grundlage (KRYSPIN, 78).

Das landesfürstliche Urbar für Niederösterreich aus der Regierungszeit König Ottokars von Böhmen (1251–1276) beinhaltet eine Liste der nach dem Tod Herzog Friedrichs II. (1246) widerrechtlich erbauten Burgen. Darin wird auch die „Neue Burg" des Mundschenken von Haßbach genannt („*novum [castrum] pincerne de Habespach*") (DOPSCH, 131f.). Es handelt sich um den bedeutenden Ministerialen Heinrich von Haßbach (Haßbach, BH Neunkirchen), der nach 1257 nicht mehr urkundlich zu belegen ist. Dopsch nimmt daher die Niederschrift dieser Aufzeichnung in den Jahren zwischen 1254 und 1257 an (DOPSCH, Einleitung LX). Die Nennung einer „neuen Burg" allein erlaubt noch nicht, eine Verbindung zu Neuhaus herzustellen, aber schon kurz darauf wird im selben Urbar (nach DOPSCH [Einleitung LX] ab 1262 aufgezeichnet) ein „*iuvenis pincerna de Novo castro*", also der Sohn des Schenken von Haßbach, in einer Eintragung über widerrechtlich okkupierten Besitz des Landesherrn, genannt (DOPSCH, 132). Hier wird der Name „Novum castrum" durch das hinzugefügte Adelsprädikat „de" als Eigenname verwendet. „Da in jener Zeit das Wort ‚castrum' nicht nur mit ‚Burg', sondern auch mit ‚Haus' übersetzt werden kann, so können wir den fraglichen Namen mit Neuhaus wiedergeben" (EIGNER, 5). Folgt man dieser Annahme, so muss man mit der Errichtung von Burg Neuhaus in der Zeit ohne Landesfürsten, zwischen 1246 und 1251, ausgehen. Jedoch sollte man dabei vorsichtig sein, da sich die Benennung „Novum castrum" theoretisch auch auf eine andere Burg, etwa die Burg Steyersberg in unmittelbarer Nachbarschaft der älteren Burg Haßbach, beziehen kann.

Der in einer Urkunde des *Härtnits von Wildonien* 1278 genannte *Ulrich von dem Niwenhaus* dürfte mit dem *Ulricus de Newnhaus*, dessen nach seinem Tode eingezogene Lehen in einer Urkunde von 1282 von Bischof Wichart von Passau neu vergeben werden, identisch sein und sich auf Neuhaus im Wienerwald beziehen (EIGNER, 5). 1335 erfolgt mit *Thomas von dem Newenhaus* der erste sichere urkundliche Nachweis (HANAUSKA, 434). Als letzter Lehensträger dieses Geschlechts tritt 1377 ein *Friedrich von dem Newnhaus* auf und für nur kurze Zeit geht Burg Neuhaus in den Besitz der aus Kärnten stammenden Grafen von Ortenburg über (HALMER, 62).

1390 geht Neuhaus an das Geschlecht der Inprucker über, in deren Besitz es über 200 Jahre lang bleiben sollte (EIGNER, 8f.). 1452 wird ein *Cristoff ynprügkher vom Newnhewslein* genannt und 1454 kommt mit *Neuhäusel* eine weitere „Verkleinerung" des Namens vor (EIGNER, 3). 1590 erscheint *Leopold Inprucker zu Neuhaus* (KRYSPIN, 80), der Schulden halber gemeinsam mit seinem Bruder *Erasmus* Neuhaus 1595 an *Bernard von Rabatto* verkaufen muss, der es wiederum noch im selben Jahr an Hans Christoph I. von Wolzogen weiter veräußert (EIGNER, 9).

Mit dem Geschlecht der Wolzogen, die durch Ausübung des niederösterreichischen Postmeisteramtes zu Reichtum gelangten (KRYSPIN, 82), beginnt nun eine Blütezeit für Neuhaus: Sie bauen die Anlage komplett um. Dabei werden die Hauptburg neu befestigt, die Vorburg mit Zwinger und Außenwerken sowie eine Kirche neu errichtet. 1607 erfolgt die Erhebung Hans Christoph I. von Wolzogen in den Freiherrenstand durch Rudolf II. (KRYSPIN, 84). Bei seinem Tode 1620 umfasst sein Besitz: „1. Das Schloss Neuhaus; 2. das öde Schloss Arnstein; 3. den Edelmannssitz Fahrenfeld; 4. den Edelmannssitz Gutenbrunn; 5. den Edelmannssitz St. Ulrich (sämmtlich mit Ein- und Zugehörung); 6. ein Freihaus zu Wien in der vorderen Bräunerstrasse neben dem Hause des Grafen Trautsohn; 7. ein Haus nebst Stadel vor dem Burgthore zu Wien" (KRYSPIN, 86). Außerdem befindet sich damals auf Neuhaus folgende Bewaffnung: 8 metallene Feldstücke auf Rädern mit allem Zubehör, 20 Doppelhaken, 78 Musketen, 32 Hellebarden, 4 Schlachtschwerter, 32 Seitengewehre, 4 Büschel Lunten, 36 Dutzend

Patronen, 5 Tonnen Pulver, 36 Musketenmodel zum Kugelgießen, 8 Dutzend Kugeln und 24 Pulverflaschen (EIGNER, 12).

Nach dem Tode des Vaters übernimmt Paul I. Freiherr von Wolzogen 1620 den Besitz. Aber schon 1628 wandern die Wolzogen, die dem protestantischen Glauben angehören und sich nicht unter Ferdinand II. rekatholisieren lassen wollen, nach Meissen in Sachsen aus (MADER, 185). Der Verkauf des Besitzes verzögert sich, wie die überlieferte Verkaufsurkunde bestätigt (Abschrift bei MADER, 185–187):

*"**Urbary über die Herrschaft und Schloß Neuhaus und Arnstein** sambt dem Freyenhof zu Fahrafeld. Aufgestellt anlässlich des Verkaufes 1631, Mai, 14 durch Paul I. Wolzogen an Kaiser Ferdinand II. um 60.000 fl.Schloß/Neuhaus ein Perghaus/mit vier starken Pasteyen/zwayen Rundelln/und starken Gemäuer umfangen und befestigt, sambt einem von Grund auf aufgeführten neuen Stock und Turm, von wohlerbauten Zimmern und Stuben, Cammern, Kuchl, Kellern, Gewölben, Stallungen und Traidkästen, auch von einem schönen Rohrbrunnen, alles fast von neuem erbaut, welches der Zeit von dem Haus Österreich zu lehen ist. Geistliche Lehenschaft und Vogtei. Die Cappeln im Schloß gar sauber renoviert und im herunteren Hof ein von grundauf neuerbautes schönes Kirchl mit Marmelstein gepflastert, sambt einem schönen Altar, hübsch mit Kupfer gedecktem Turm und einer Schlaguhr drauf. Maierhof. Unterhalb dem Schloßberg ein von gründt auf inn die Vierung vom neuen erbauter Mayrhof mit allen notwendigen Stallungen, Gewölben, Mayrstuben, Kuchl und Cammer, samt einem springenden Röhrbrunn, großem Stadl und einer neuen Zehenthütten. Hofgärten und Krautgärten. Hofackher (so alle Zehentfrey) Die Hofacker, welche allernegst beim Schloß liegen, seind bei 150 Tagwerk 1 Tagwerk beim Kalch-Ofen am Weg. Hofwiesen welche meistens thailß zwaymädig sind 83 Tagwerk. Waydt. Ob zwar wohl die Herrschaft Neuhaus auf allen ihren eigentümlichen Gründten und Gehülz den „bluembbesuech" frei hat, Weiden = 180 Tagwerk. Kalchofen. Auf dem Mühlfeld ist ein Kalch-Ofen/zu negst des neuen wegs/der kann mit geringen Unkosten, weilen der Kalchstein und das Holz, allernegst darbey, erzeugt und jährlich 70 Mutt Kalch gebrennt werden und gibt einen guten Kalch, dem Mannerstorffer gleich. Wald und Gehülz. 2000 Joch unabgeödetes schönes Holz. Teucht. Ein Teich unterhalb des Schlossberges sambt drei unterschiedlichen Einsetzen bei dem Mayrhof, wird alle 3 Jahre mit 40–50 Schock Karpfenbrut besetzt. Mehr oberhalb ein neu zugerichteter Teich. Hofmühl. Item bey dem Teucht ein wohlerbaute Traidmühl mit 3 Laufern auch einem Stampf samt einer Stuben, Kuchl und Cammer und obenauf einen Boden zum Traidt schütten. Bei dem obrigen Teucht [Richtung Nöstach] gleichfalls eine Traidtmüll mit 2 Laufern sambt einer Stampf, welche mangel der herunderen Müll kann gebraucht werden. Diese Müllen und Stampf werden jährlich einem Müllner im Bestand [Pacht] verlassen per 60 fl. Robath. Die Unterthanen so zum Schloß gehörig, sind den Anbau, den Schnitt, wie auch das Mähen und Zäunen zu verrichten schuldig, auch sonsten, so oft man ihrer bedarf. Der Unterthanen Weiber seind schuldig, eine jewede jährlich 2 Pfund Werch zu spinnen.*

Die Unterthanen zu Arnstein wie auch die um Neuhaus liegenden einschichtigen Höfe sind vermög der Kayserlichen Order von 1592, so oft an dem Schloß zur Befestigung zu bauen fürgenommen würde, jährlich ein jeder 3 Tage zu robaten schuldig, inmassen sie dann solche Robath im 1599sten Jahr, als die Basteien gebaut worden, verrichtet."

Diese Auflistung zeigt, dass eine Burg, wie auch schon im Mittelalter, ein multifunktionaler Organismus war. Die Burg umfasste nicht nur ein zum Wohnen und zur Verteidigung ausgerichtetes Areal, sondern besaß auch geistliche und weltliche Rechte, angeschlossene Produktionsstätten (Meierhof, Mühlen, Kalkofen), land- und forstwirtschaftliche Nutzflächen (Gärten, Wald, Wiesen, Teiche zur Fischzucht) sowie die Verpflichtung der Untertanen zu Fronarbeit.

Wichtig für die Baugeschichte von Burg Neuhaus sind die Hinweise, dass 1599 die Basteien (*auch:* Bastionen) gebaut worden sind und dass sich im Gegensatz zur neu erbauten Kirche im unteren Hof auch eine ältere Kapelle offenbar im Bereich der Hauptburg befand.

Kaiser Ferdinand II. verpfändet 1631 den Besitz an den niederösterreichischen Hofkammergerichtspräsidenten Max Breuner Freiherr von Stübingen, welchem 1633–1652 Bruno Graf von Mannsfeld folgt. Danach wechseln die Besitzer häufig, 1652–1656 sind Christoph Karl von Ternberg und 1656–1693 Ferdinand Max Graf von Sprinzenstein die Pfandinhaber der Herrschaft Neuhaus. Kaiser Leopold I. zieht 1693 die Herrschaft wieder ein und verpfändet sie an Johann Christoph Rechberger von Rechkron, der sie 1709 von Kaiser Josef I. kauft und 1718 an den Finanzrat Bernard von Mikosch weiter veräußert. Von 1724–1830 geht Neuhaus in Staatsbesitz über (EIGNER, 10). 1726 lässt Kaiser Karl VI. die 1683 von den Türken beschädigte Burg wieder herstellen, *„Zur Zierde der Landschaft und zum Nutzen einer Spiegelfabrik"*, wie eine erhaltene Gedenktafel besagt (siehe Abb. 20).

Bereits ab 1694 haben zwei Italiener mit Unterstützung der jeweiligen Pfandinhaber begonnen, in der Burg eine Spiegelfabrik zu errichten, die 1724 verstaatlicht wird und eine überregional bedeutsame Spiegelproduktion erlangt (MADER, 187). Aus Platzgründen wird *„[…] im Jahre 1748 im Thale ein neues Haus aufgeführt, das Gußhaus erweitert, und ein zweyter Gußofen errichtet."* (KIRCHLICHE TOPOGRAPHIE, 149)

1824 wird das Schloss *„[…] von dem Pfarrer, dem Schullehrer, und von sechs und dreyßig Wohnparteyen, welche theils noch Arbeitende, theils in Ruhe gesetzte Arbeiter von der k. k. Spiegelfabrik sind, bewohnt."* (KIRCHLICHE TOPOGRAPHIE, 154)

1733 stiftet Kaiser Karl VI. ein Kuratbenefizium, *„weil die Arbeiter wegen der beständigen Unterhaltung des Feuers sich nicht an andere Örter zum Gottesdienste begeben können und auch der immerwährenden Todesgefahr ausgesetzt sind."* (EIGNER, 17). 1783 wird das Benefizium zu einer Lokalkaplanei erhoben (EIGNER, 17). 1760 wird der Friedhof im östlichen Außenwerk der Burg angelegt, der anfangs den Fabrikarbeitern vorbehalten war (MADER, 178). Kaiserin Maria Theresia lässt 1769 im ersten Stock des Vorburg-Traktes eine öffentliche Volksschule einrichten.

1805 werden die Burg und die in der Kirche befindliche Gruft der Wolzogen von französischen Truppen geplündert (MADER, 187). Schließlich wird 1830 die Spiegelproduktion nach Schlöglmühl verlegt (EIGNER, 23).

Abb. 2: Ansicht von Burg Neuhaus und der Spiegelfabrik-Gebäude im Tal um 1790 (Sammlung Müller)

Folgender Bericht veranschaulicht den baulichen Zustand und die Lebensverhältnisse von Burg Neuhaus Mitte des 19. Jahrhunderts (WOLZOGEN 1859, Bd. 1, 185–191):

„Nun zur Beschreibung des Schlosses selbst. Mit seinen sieben Thürmen, mächtigen Vormauern und zum Theil in Ruinen zerfallenen Baulichkeiten stellt es ein echtes altes Rittercastell dar. In großartigem Maßstabe angelegt, aber oftmals umgebaut und erweitert, besteht das ganze aus zwei Haupttteilen. Nach Westen hin liegt die alte, jetzt ganz verfallene Burg, welche der Sage nach vier Stockwerke hoch und jedenfalls die Behausung der ursprünglichen Besitzer, der Herren v. Neuhaus gewesen ist. Heutzutage stehen davon nur noch die Grundmauern, zwischen welchen der Orts-pfarrer kleine Gartenfleckchen angelegt hat, und an den äußern Ecken ganz westlich zwei dachlose viereckige Thürme, die für die Ewigkeit gebaut zu sein scheinen. Besonders hoch ragt aus den übrigen Trümmern das Mauerwerk einer alten Schloßkapelle hervor, die noch bedeutend höher als die jetzt bestehende gewesen sein soll. Auf der Südseite steigt man auf einer Treppe in den geräumigen Obst- und Gemüsegarten des Pfarrers hinab, der von Ringmauern umgeben, früher als Turnierplatz gedient haben mag. Auf der Ostseite endlich ist die alte Burg durch einen von Kaiser Karl VI. in der jetzigen Gestalt errichteten zweistöckigen Querbau geschlossen, der mit zwei gut erhaltenen, viereckigen und mit Schindeln gedeckten Eckthürmen versehen ist. Daß Karl VI. der Renovator dieses im Jahr 1683 von den Türken zerstörten Schloßtheils gewesen, zeigt eine rothe Marmortafel an, welche in der Mitte der nach dem großen Schloßhofe gen Osten zugekehrten Mauerseite angebracht ist, und aus der noch unlängst ein Springbrunnen floß. Die Inschrift auf dieser Tafel lautet: ‚Imp. Caes. Carolus Ilisp. Hung. Boh. Rex Arcem hanc a Turcis devastatam ornamento provinciae et commodo Fabricae Speculorum restauravit An. MDCCXXVI.'

Hieraus geht hervor, daß Karl VI., um der schon 1694 angelegten Neuhauser Spiegelfabrik willen, das Schloß 1726 hat restaurieren lassen. Es befand sich dieselbe nämlich, ehe besondere Gebäude zu diesem Zwecke am Fuße des Schloß-bergs zum Theil aus den Mauern des alten Burgtheils errichtet wurden, in jenem oben beschriebenen Querbau, dessen unterer Stock jetzt von einigen armen Miethsleuten bewohnt wird, während der obere dem Ortspfarrer zur Behausungen dient. Letzterer hat hier einige sehr freundliche Zimmer und namentlich große Küchen- und Vorrathsräume zu seiner Dispo-sition. Auch schon äußerlich nimmt sich dieses Gebäude recht wohnlich aus; es ist sogar mit einem fast ganzen neuen grauen Anstrich versehen. Ein durch dasselbe hindurchgehendes gewölbtes Thor führt in den geräumigen Schloßhof, der linker Hand (nach Norden zu) durch eine Mauer begrenzt wird, worin eine schmale Eingangsthür befindlich ist; rechts (gegen Süden) steht dagegen die von Hans Christoph I. Frhrn. v. Wolzogen erbaute, etwa fünf Wiener Klafter hohe [1 Klafter = 1,8965 m, Anm. des Autors] und sehr gut erhaltene Kapelle (jetzt Pfarrkirche) mit ihrem runden, schlanken, etwa 12 Klafter hohen Thurme, der sich auf der Westseite erhebt, während der Hochaltar nach Osten zu liegt. Die Kapelle ist ganz im gothischen Stil gehalten und innerlich reich mit Marmor und mehrern nicht schlechten Oelgemälden geziert, so daß sie einen durchaus freundlichen, ja sogar einen eleganten Eindruck macht. Ueber dem Eingange ist noch heute die metallene Inschrift: ‚Dom. Dom.' (Domus Domini) ohne weiter hinzugefügte Jahreszahl zu lesen. Am Thurm aber befindet sich die Zahl 1612, in welchem Jahr der erst 1631 völlig beendete Bau von Hans Christoph I. als Beweis seiner lebhaften Anhänglichkeit an den lutherischen Glauben begonnen ward. Zur Erinnerung an den feierlichen Act der Grundsteinlegung ließ er eine goldene, silberne und kupferne Denkmünze schlagen, die alle drei dasselbe Gepräge hatten. Auf der Vorderseite befand sich der Erlöser mit der Weltkugel in der Hand, und darum die Inschrift: „Non est in alio aliquo salus.' Auf der Rückseite standen die Worte: ‚Templum Salvatoris in Castro Suo Neuhaus fundavit Joh. Christoph Wolzogen, Lib. Baro. 1612.' Leider ist keine der drei gedachten Medaillen gegenwärtig mehr im Besitz der Familie.

Neben der Kirche nach Osten zu, und zwar noch innerhalb der Ringmauern des Schlosses, liegt der Kirchhof, während sich auf der Ostseite des Schloßhofes der neue und stattliche, obwol nur ein Stock hohe Schloßteil an sie anschließt, den Hans Christoph Wolzogen, nach den dort gefundenen Wappenscheiben zu urtheilen, im Jahre 1610 ganz neu hat aufführen lassen, und der höchst wahrscheinlich ihm und seinen Nachkommen speciell zur Wohnung diente. Dieses Gebäude läuft mit dem vorbeschriebenen Querbau, worin der Pfarrer wohnt, parallel, sodaß der Schloßhof ein längliches Viereck bildet. Ein hoch gewölbtes Haupteingangsthor führt, von einem ziemlich hohen, etwa zwei Klafter über das Hauptgebäude hervorragenden viereckigen Thurme überbaut, quer durch das Haus hindurch. Des Thurmes Ecken sind mit starken Quadern gemauert, doch deckt auch ihn, wie alle üblichen Baulichkeiten, nur ein Schindeldach. Die alte Thurmuhr mit zwei Zifferblättern, dass eine nach dem Schloßhof, das andere nach außen zugerichtet, bedarf einer Reparatur, wie denn überhaupt zu wünschen wäre, daß es dem gegenwärtigen Besitzer des schönen und einträglichen Besitzthums gefallen möchte, für die Erhaltung und Herstellung der alten Gebäude etwas zu thun. Unterhalb, rechts und links vom Thorweg, sind geräumige, prächtig gewölbte Keller. Dieser Wolzogen'sche Neubau dient jetzt zum Domicil des Ortsschullehrers und als Schullokal; auch haben einige arme Familien, meist Abkömmlinge von Arbeitern der ehemaligen Spiegelfabrik, darin ihr Unterkommen gefunden und zahlen dem Besitzer einen kleinen Miethzins. Der Wolzogen'sche und Dietrichstein'sche Wappenschild ist (ersterer rechts, letzterer links) über sämmtlichen sechs kleinern Eingängen vom Schloßhof aus in Stein gehauen sichtbar, ebenso an den beiden übereinander stehenden Thurmfenstern und an der Uhröffnung. Außerdem prangt das vollständige Wolzogen'sche Wappen (mit den Nebenstücken) in großem Maßstab auf dem Schlußstein des äußern Thorbogens. Vor dem Thor, nach Osten hin, befindet sich eine Art Vorhof, der durch eine schon etwas verfallene, mit Schießscharten versehene Mauer gegen außen abgeschlossen ist; durch diese Mauer führt ein zweites Bogenthor, welches mit dem Hauptthor correspondirt und gleichfalls mit dem großen Wolzogen'schen Wappen geziert ist. Links und rechts an den Enden der Mauer ragen zwei runde, festgebaute Thürme, auch mit Schießscharten versehen, hervor, wovon der zur rechten (nach Süden hin), an den sich der Friedhof anschließt, jetzt als Todtenkapelle benutzt wird. Ein kleiner Kirchenpfad windet sich auf der Nordseite vom Dorf aus nach dem Schlosse, und zwar zu der schon obengedachten Eingangspforte hinauf, welche der Kirche gerade gegenüber liegt. Der auch zum Fahren praktikable Hauptweg aber führt aus dem großen Ostthore links gegen Kienberg zu durch den Wald und trifft, den östlichen Theil des Dorfes durchschneidend, beim Wirthshaus mit dem Fußpfad zusammen."

Nach Ende der Spiegelfabrik erwirbt Georg von Sina 1830 Neuhaus, der es 1856 seiner Enkelin Anastasia Freiin von Sina, spätere Gräfin Wimpffen, vererbt (KIRCHENPROTHOCOL, Fol. 97), deren Familie es bis 1941 gehört. 1941–1945 untersteht Neuhaus dem Deutschen Reichsforst.

Im April 1945 kommt es zwischen SS-Einheiten und russischen Verbänden zu Kampfhandlungen in Neuhaus (MADER, 268), in deren Zuge auch Burg Neuhaus schwer beschädigt wird. Granattreffer sorgen dafür, dass sämtliche bis dahin bewohnbare Gebäude der Burg sowie die Kirche ausbrennen. Der Verlust von Mauersubstanz hält sich in Grenzen.

Abb. 3: Burg Neuhaus gegen Süden. Fotografie um 1890 (Sammlung Müller)

1946 erfolgt die Einweihung der wiederhergestellten Kirche, 1951 ist der Pfarrhof wieder bewohnbar (MADER, 180). 1945–1955 stehen Schloss und Herrschaft unter russischer Verwaltung, danach gelangt es an die Österreichischen Bundesforste (HALMER, 64). 1965 wird die Burg geteilt und die östliche Vorburg verkauft. 1977 erwirbt Familie Huemer den Vorburg-Trakt und saniert diesen zwischen 1978 und 1982. 1981 übergeben die Österreichischen Bundesforste den Pfarrhof und die Kirche der „Pfarre Neuhaus" (MADER, 180).

In den Jahren 1971–1972 erfolgen die Renovierung der Kirche und die Umgestaltung des Kirchenraumes. Die jüngsten Baumaßnahmen werden im Jahr 2003 eingeleitet. Sie beginnen mit der Generalsanierung der Kirche, des Pfarrsaals und des Pfarrgartens (Rosengarten). Anschließend werden die gesamte Hochburg und

Abb. 4: Renovierungsarbeiten 1946 mit wiederhergestellter Kirche nach Kriegszerstörungen (Sammlung Müller)

der Nordtrakt bis zum Jahr 2018 zu einem Veranstaltungszentrum ausgebaut. Diese Phase ist in den Kapiteln 5 und 6 dokumentiert.

1.3 Kurzbeschreibung und typologische Einordnung der Burganlage

Die Anlage in Neuhaus repräsentiert den Typus „Burgschloss", der sich am Ende des Spätmittelalters und besonders in der Renaissance entwickelte. Hierbei tritt im Vergleich zu mittelalterlichen Burgen die Wohnlichkeit stark in den Vordergrund, die Wehrelemente werden entsprechend den modernen Angriffswaffen modifiziert. Da bei Neuhaus die wehrhaften Elemente augenscheinlich dominieren, erscheint es als legitim, Neuhaus vereinfachend als „Burg" zu bezeichnen.

Die Burganlage gliedert sich in eine *Hauptburg* und in eine tiefer liegende *Vorburg* im Osten. Sie besitzt zudem wehrhafte *Außenwerke* auf der Süd- und Ostseite.

Den Kern der Hauptburg bildet die auf dem anstehenden Fels errichtete *Altburg*. Diese älteste Anlage besitzt einen längsrechteckigen, West-Ost orientierten Grundriss. Einschließlich der 2 m dicken Ringmauer umfasst das Areal eine Fläche von etwa 23,75 × 12 m (Seitenverhältnis also knapp 2:1). In der Südostecke ist das Untergeschoß eines an die Ringmauer angebauten Bergfriedes mit etwa 6 × 6 m Grundfläche erhalten. Einen kleinen Hof frei lassend, wird die gesamte Breite des westlichen Bereiches von einem nur noch in den Grundmauern (etwa 7,75 × 12 m) erhaltenen ehemaligen Wohngebäude (Palas) eingenommen. Das Kellergeschoß wurde aus dem Felsen herausgehauen und in einer späteren Bauphase mit einem noch erhaltenen Tonnengewölbe aus Mauerziegeln überfangen. In dieser Bauphase entstand wohl auch ein etwa 4 × 12,25 m großer westlich anschließender Anbau mit Abortschacht im Süden, mit dem das Wohngebäude vergrößert worden ist. Zu dieser Bauphase ist auch die Geschützscharte in der Südwand des Bergfriedes zu rechnen.

In einer weiteren großen Umbaumaßnahme erhielt Burg Neuhaus ihr heutiges Gesicht. Die Altburg wurde zu einer *Festung* ausgebaut, indem man den Burgfels mit einer mächtigen Mauer rechteckig umbaute. In die Ecken fügte man rechteckige Turmbastionen ein. An die Nordwand der Südost-Turmbastion und die östliche Kurtinenmauer wurde ein zweistöckiges Gebäude angebaut. Westlich an die Nordost-Turmbastion wurde ein zweistöckiges Gebäude angebaut, das im Erdgeschoß eine offene Halle besaß.

Zeitgleich mit der Hauptburg entstand die östlich gelegene **Vorburg**. Sie besitzt ein längsrechteckiges Hofareal, dessen Nordseite von einer Mauer mit Schießscharten und einem Portal mit ehemaliger Zugbrücke begrenzt wird, die östliche Langseite wird von einem zweigeschoßigen Wohngebäude mit überragendem Torturm eingenommen und am südlichen Abschluss befindet sich die Schlosskirche.

Der Vorburg ist an der östlichen Außenseite ein Zwinger vorgelagert, bestehend aus Mauer mit Tor sowie an den äußeren Enden je ein Rondell, also runden Geschütztürmen. Zuletzt entstanden in dieser Bauphase große wallartige **Außenwerke** an den Hauptangriffsseiten (Ost- und Südseite).

Im **Barock** wurde der Osttrakt der Hauptburg umgestaltet, wie die barock überformte Fassade, das Gewölbe im Erdgeschoß und die Raumaufteilung im Obergeschoß des Wohnbaues erkennen lassen. Außerdem wurde der Nordost-Turmbastion ein kleiner Raum im Süden angefügt. Westlich davon, an das renaissancezeitliche Gebäude mit offener Halle angestellt, entstand ein weiteres Gebäude.

1.4 Beschreibung der Hauptburg

1.4.1 Die älteste Burganlage (Altburg)

Die Altburg weist im Inneren einen überwachsenen Schutthügel auf, der noch nicht näher untersucht worden ist (siehe Abb. 6, 7). Die äußere Schale der Ringmauer wurde durch die Jahrhunderte mehrfach erneuert und ist nur noch an wenigen Stellen original erhalten. Ihr Mauerwerk besteht aus lagenweise angeordneten Bruchsteinen, die durch Ausgleichslagen mit Bruchsteinen kleinerer Formate verbunden sind (siehe Abb. 8). An der Südwest-, Südost- sowie der Nordwestecke des Altburg-Berings sind die ursprünglichen Eckquaderungen aus sauber behauenen Glattquadern noch erhalten (siehe Abb. 9). Das ehemalige Tor ist nur noch rudimentär nachweisbar, es befand sich in Nähe des Bergfrieds an der Nordostecke (siehe Abb. 10). Der Bergfried in der Südostecke war ein reiner Wehrbau, der durch seine geringe Innenfläche (etwa 2,20 × 2,40 m) zu Wohnzwecken nicht geeignet war. In seinem Erdgeschoß wurden im 16. Jahrhundert zwei Geschützscharten eingebaut, durch die die südöstliche Angriffsseite unter Beschuss genommen werden konnte (siehe Abb. 8). Da die Voraussetzung für diesen Zweck ein freies Schussfeld war, kann sie nur aus der Zeit vor dem Ausbau zur Festung (mit südöstlicher Bastion und der Kirche im Hof der Vorburg) um 1600 stammen. Die Geschützscharte in der Südwestecke des Bergfrieds ist an der Außenseite vermauert.

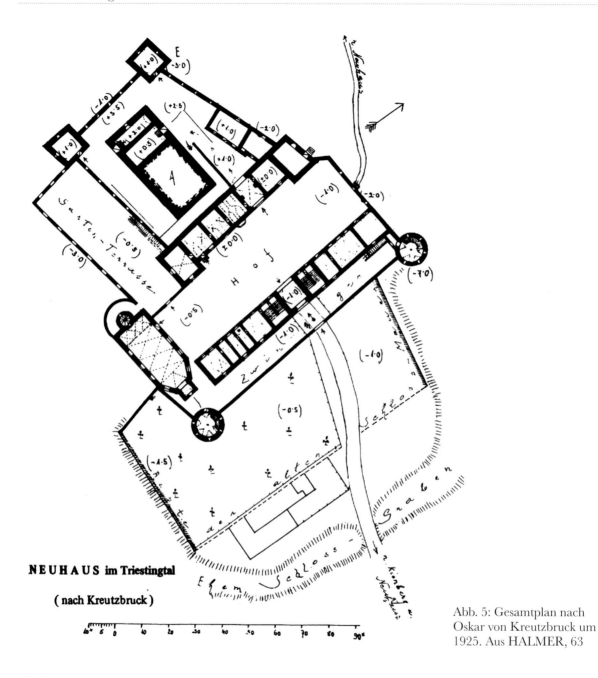

NEUHAUS im Triestingtal

(nach Kreutzbruck)

Abb. 5: Gesamtplan nach Oskar von Kreutzbruck um 1925. Aus HALMER, 63

Vom ehemaligen Palas, dem Wohnbau der Burg im westlichen Bereich der Altburg, sind im Wesentlichen nur zwei Kellerräume erhalten. Sie wurden aus dem anstehenden Fels herausgehauen. Der östliche Kellerraum gehört zum ältesten Wohnbau, war ursprünglich wohl flach gedeckt und wurde im 16. Jahrhundert mit einer Tonne aus Mauerziegeln eingewölbt (siehe Abb. 13). Unter der Stichkappe der Ostwand dürfte sich ein Zugang vom inneren Burghof her befunden haben. Die heutige Nutzung als Kamin ist modernen Ursprungs, ebenso wie der nördliche Zugang. Der westliche Kellerraum entstand erst zeitgleich mit dem Anbau des 16. Jahrhunderts und ist mit einer flachen Tonne aus Mauerziegeln eingewölbt (siehe Abb. 14). Die Westwand besitzt etwa mittig eine Lichtscharte. Der Anbau zeigt eine Eckquaderung aus bruchrauh belassenen Quadern. An der Verbindungsstelle zwischen al-

Abb. 13: Östlicher Kellerraum des Palas (2009)

Abb. 6: Blick auf die Altburg (Ende 2017)

Abb. 7: Blick auf die Altburg (2009)

Abb. 8: Südostecke der Altburg (Bergfried) mit ursprünglichen Mauerwerkstrukturen sowie sekundären Geschützscharten (die westliche wurde vermauert) (2009)

Abb. 9: Eckquaderung an der Südostecke des Bergfrieds (2009)

Abb. 10: Torbereich der Altburg an der Nordostecke (2017)

Abb. 11: Nordwestliche Eckquaderung der Altburg mit angestelltem Erweiterungsbau des Palas (2017)

Abb. 12: Südwestliche Eckquaderung der Altburg mit sekundär vorgebautem Abortschacht (2009)

Abb. 14: Westlicher Kellerraum des Palas(-anbaues) (2009)

tem Palas und Anbau auf der Südseite wurde ebenfalls im 16. Jahrhundert ein Abortschacht errichtet, in dessen Inneren sich noch ein Holzschacht befindet (siehe Abb. 12).

Auf der Ansicht von Vischer aus dem Jahre 1672 (siehe Abb. 1) zeigt der Palas zwei durchfensterte Obergeschoße mit einem steilen, mit Gauben besetzten Dach. Der Bergfried ist viergeschoßig wiedergegeben und trägt ein glockenförmiges Dach mit Laterne.

Typologisch ist die älteste Burganlage in Neuhaus zu den kleinen, kompakten Wohnburgen des Spätmittelalters mit minimalistischer Ausstattung zu rechnen, die ihre größte Verbreitung im 14. Jahrhundert erlebten. Die älteste Mauerwerkstruktur in Neuhaus kann noch der Mitte/zweiten Hälfte des 13. Jahrhunderts zugeordnet werden und dürfte somit wahrscheinlich den Bestand der urkundlichen Erstnennung repräsentieren.

1.4.2 Ringmauer und Turmbastionen der Festungsphase (um 1600)

Wie bereits in der geschichtlichen Einleitung erwähnt, dürften die Wolzogen bald nach dem Erwerb von Neuhaus 1595 mit den Umbauarbeiten begonnen haben. Die Burg veränderte von Grund auf ihr Gesicht: Fast sämtliche heute noch erhaltenen Bauten stammen von den Wolzogen, nur von Teilen der Altburg und den wenigen barocken Um- und Neubauten einmal abgesehen. Zuerst wurde damit begonnen, die Altburg mit einem größeren Bering zu umgeben. Die Kurtinen (= Mauerabschnitte zwischen Bastionen/Türmen) umfassen eine Fläche von etwa 49 m (Nord) × 27 m (West) × 46 m (Süd) × 40 m (Ost), wobei die Turmbastionen noch über die Ecken hinausragen. Die Turmbastionen der Ostseite sind wesentlich mächtiger gebaut, da hier mit direkten Angriffen zu rechnen war. Alle vier Turmbastionen waren dreistöckig, wobei das untere Geschoß jeweils aus statischen Gründen eingewölbt war, um im Geschoß darüber mit schweren Geschützen bestückt werden zu können. Das Untergeschoß besaß lediglich Schießscharten, die auf die Kurtinen ausgerichtet waren (siehe Abb. 15). Im Geschoß darüber wiederholte sich die Anordnung der Schießscharten zur Kurtinen-Bestreichung, zusätzlich gab es jedoch zwei größere Geschützscharten (siehe Abb. 16). Das oberste Geschoß war ein Dachgeschoß, das durch Fensteröffnungen ebenfalls mit leichten Waffen verteidigt werden konnte. Es trug ursprünglich ein Grabendach, wie Befunde in den erhaltenen Dachgeschoßen der beiden östlichen Bastionstürme zeigen (siehe Abb. 17). Man hat sich das Grabendach als zwei parallel verlaufende kleine Satteldächer vorzustellen, die nur wenig über die Mauerbrüstung des Turmes vorragten und zwischen denen sich auf der Innenseite ein „Graben" befand, über den das Regenwasser mittels Wasserspeiern nach außen abgeleitet werden konnte. Die Form des Grabendaches wurde aus fortifikatorischen Gründen gewählt, um anfliegenden feindlichen Geschützkugeln möglichst wenig Angriffsfläche zu bieten (wie es in starkem Maße bei den späteren barocken Pyramidendächern der Osttürme der Fall gewesen wäre).

Das Mauerwerk der Ringmauer bzw. der vier Kurtinen zeigt netzartige Strukturen, wie es für Festungsbauten des 16. und 17. Jahrhunderts typisch ist: dabei werden Steine größerer Formate mit großflächigen Auszwickelungen kleinerer Bruchsteine umfangen (siehe Abb. 18). Außerdem zeigen sich durch horizontale Absetzungen so genannte Kompartimente, die auf einzelnen Arbeitsabschnitten während der Errichtung beruhen, um ein effektiveres Aufmauern (mit Trocknungsphasen des Mörtels) zu ermöglichen. Über einem Gurt- oder Kordongesims erhebt sich ein Abschnitt mit Schießscharten, hinter dem sich ursprünglich der Wehrgang befand (siehe Abb. 19). Regenwasser, das sich hinter der Mauer staute, wurde mittels Entwässerungskanälen nach außen geleitet (siehe Abb. 18).

1.4.3 Der Osttrakt

Der Osttrakt der Hauptburg entstand im Zuge des Festungsbaues unter Hans Christoph I. von Wolzogen, der 1595 in den Besitz von Burg und Herrschaft Neuhaus gekommen war. In einer Verkaufsurkunde des Jahres 1631, in der alle Güter und Rechte von Herrschaft und Schloss Neuhaus aufgeführt sind, wird auch die von den Untertanen zu leistende Fronarbeit behandelt und dabei erwähnt, dass 1599 die Basteien gebaut worden sind. Damit können nur die Turmbastionen der Hauptburg gemeint gewesen sein, womit die Entstehung des Osttraktes in die Zeit um 1600 zu datieren ist. Der Osttrakt umfasst die südöstliche und nordöstliche Turmbastion und die dazwischen eingefügten Bauten.

Nach Beschädigungen durch die Türken 1683 erfolgte eine Wiederherstellung unter Kaiser Karl VI. im Jahre 1726 sowie die Nutzung des Gebäudes als Spiegelfabrik, wie eine erhaltene Inschriftentafel verkündet (siehe Abb. 20). Bei dieser Renovierung erfolgte auch die barocke Umgestaltung des Osttraktes mit entsprechender Überformung der Fassade zum Hof der Vorburg (siehe Abb. 21). Die Dachgeschoße der Turmbastionen wurden mit Ochsenaugen-Fenstern versehen und erhielten ein Pyramidendach. Ursprünglich waren sie mit Grabendächern eingedeckt.

Erdgeschoß

Zeitgleich mit dem Bau der Turmbastionen und der Ringmauer erfolgte der Bau eines Wohngebäudes (Baualterplan Erdgeschoß, Nr. 7). Sein als Pfarrsaal genutztes Erdgeschoß wurde 2004 renoviert, wobei auch das Erdgeschoß der Südostbastion umgestaltet wurde. Der Saal besitzt ein barockes

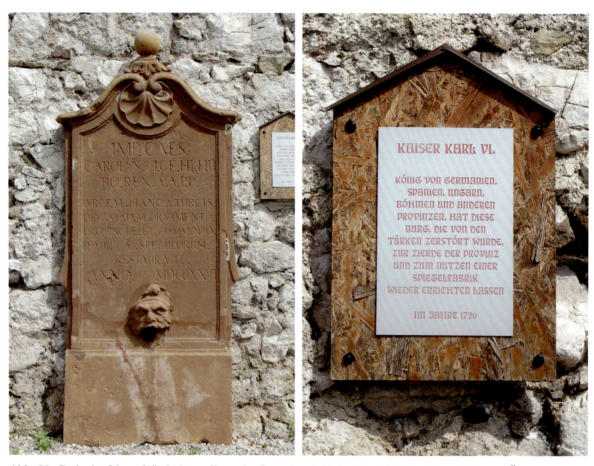

Abb. 20: Gedenktafel zur Wiederherstellung der Burg durch Kaiser Karl VI. im Jahre 1726 und Übersetzung. Die Tafel, die im unteren Teil das Maskaron eines Türkenkopfes zeigt, war ursprünglich in der Mitte der Ost-fassade der Hauptburg angebracht und gehörte zu einem Brunnen. Heute befindet sie sich an der Außenseite der Südkurtine der Hauptburg (2009).

Gewölbe (siehe Abb. 22). Ein Foto, das während der Renovierungsarbeiten 2004 aufgenommen wurde, zeigt knapp vor dem südlichen Ende der Westwand des Saales eine vermauerte Öffnung, die bis zum Laufniveau des Obergeschoßes auf der Außenseite zu verfolgen ist (siehe Abb. 23, 34). Der Befund legt nahe, dass der Gebäudetrakt ursprünglich kein Gewölbe besaß, also flach gedeckt war und eine andere Geschoßeinteilung hatte. Die vermauerte Öffnung dürfte demnach zu einem Obergeschoß gehört haben. Die West- und Nordwand des Pfarrsaales weisen ältere Mauerwerksstrukturen auf, die dem freigelegten Mauerwerk des Obergeschoßes entsprechen (siehe Abb. 24). Es kann also davon ausgegangen werden, dass der Ursprungsbau um 1600 die Ausmaße des heutigen Pfarrsaales hatte. Bei den Wandnischen der Westwand könnte es sich somit um die alten Kellerfenster handeln, dann wäre allerdings der Bereich zwischen Altburg und Westwand in erheblichem Umfang aufgeschüttet worden. Eine weitere Mutmaßung wäre, dass es sich bei der Westwand im Kern um eine Zwingermauer der Altburg handelt, was jedoch nur bei großflächiger Freilegung des Mauerwerks näher bestimmt werden könnte.

Nördlich an den Saal stößt die eingewölbte Torhalle (siehe Abb. 25). Hier befand sich wohl schon das ursprüngliche Tor, das etwas breiter gewesen sein wird und im Barock auf die heutige Größe verkleinert wurde, wie Vermauerungen aus Ziegeln vermuten lassen (siehe Abb. 26). Zwischen Torhalle und Nordost-Turm entstand im Barock ein weiterer überwölbter Raum, durch den man in das Untergeschoß des Nordost-Turmes gelangt. Westlich davon schließt sich ein Raum mit Stichkappengewölbe an, das auf Pfeilern ruht und als renaissancezeitlich anzusprechen ist. Es handelte sich ursprünglich um eine offene Halle, deren rundbogige Öffnungen wohl während der barocken Umbauphase vermauert wurden (siehe Abb. 27). An dieses Gebäude schließt westlich das Erdgeschoß eines zweistöckigen barocken Gebäudes an (siehe Abb. 28). In Zusammenhang mit diesem ist auch die dem renaissancezeitlichen Bau südlich vorgemauerte Heizanlage mit Schornsteinen zu sehen (siehe Abb. 28).

Obergeschoß

Das Obergeschoß zeigt eine barocke Raumaufteilung (vgl. Baualterplan Obergeschoß). Zur Erschließung der Räume wurde entlang der Westmauer ein Gang vorgelegt (Raum 1.9), der sich bis zu Raum 1.2 erstreckte. Im 20. Jahrhundert wurde der südliche Teil des Ganges für den Einbau eines Bades mit WC abgetrennt (Raum 1.10). Als nördliche Fortsetzung des Ganges wurde als Verbindung zum Obergeschoß des Nordost-Turmes ein schräg verlaufender Durchgang eingebrochen (siehe Abb. 29).

Burg Neuhaus wurde in den letzten Tagen des Zweiten Weltkrieges, wie bereits berichtet, von Granaten getroffen, wodurch die Innenräume ausbrannten und die Dächer zerstört wurden. Das Mau-

Abb. 15: Erdgeschoß der nordöstlichen Turmbastion. Schießscharte in der südöstlichen Ecke, von der aus die östliche Kurtine unter Beschuss genommen werden konnte (2009).

Abb. 16: Südwestliche Turmbastion, Südwand OG mit Geschützscharte (2009)

Abb. 17: Südöstliche Turmbastion. Westwand des Dachgeschoßes mit erkennbarem Ansatz des ehemaligen Grabendaches über barock veränderter Fensteröffnung (2009)

Abb. 18: Südliche Kurtine. Deutlich erkennbar sind die lagenweisen Kompartimente des Mauerwerks sowie zwei Öffnungen von Entwässerungskanälen (2009).

Abb. 19: Innenseite der Nordkurtine mit Schießscharten und Balkenlöchern des ehemaligen hölzernen Wehrganges (2009)

Abb. 21: Barock überformte Ostfassade der Hauptburg. Fassadengliederung mit horizontaler Nutung sowie Pilastern über dem renaissancezeitlichen Kordongesims (2009)

Abb. 22: Pfarrsaal mit barockem Gewölbe gegen Norden (2009)

Abb. 23: Südliche Westwand des Pfarrsaales während der Renovierung 2004 mit vermauerter Öffnung des ursprünglichen Obergeschoßes über der Wandnische

Abb. 24: Pfarrsaal während der Renovierung 2004. Auch West- und Nordwand zeigen ältere Mauerwerksstrukturen des Ursprungsbaues. (Sammlung Verein Burg Neuhaus)

Abb. 25: Die Torhalle der Hauptburg (2009)

Abb. 26: Ostfassade mit dem nördlichen, barocken Portal der Torhalle (rechts) (2009)

Abb. 27: Vermauerte westliche Öffnung der renaissance-zeitlichen Halle (zugleich Ostwand des westlichen barocken Anbaus). Pfeiler (rechts im Bild) mit Eckquaderung (2009)

Abb. 28: Barockes Gebäude mit vermauerter Tür- und Fensteröffnung im Obergeschoß (2009)

Abb. 29: Obergeschoß des Nordost-Turmes mit sekundär eingebrochenem Durchgang in der Südwand (2009)

Abb. 30: Westwand des Nordost-Turm-Obergeschoßes mit ehemaliger Scharte (zu einem Fenster ausgebaut) und dem vermauerten Abgang zum einstigen Wehrgang der Ringmauer (2009)

Abb. 31: Barocker Neubau mit Torhalle und Obergeschoß in Ziegelmauerwerk (2009)

erwerk blieb weitgehend intakt. Spuren des Brandes waren bis zur Renovierung Anfang 2017 noch deutlich in den Räumen 1.7 und 1.8 (Nordost-Turm-OG) zu sehen. Die Mineralien des Putzes sorgten unter der immensen Hitzeeinwirkung dafür, dass der Putz an einigen Stellen regelrecht verglaste. Die Bausubstanz des renaissancezeitlichen Gründungsbaues zeichnet sich deutlich durch sein kompaktes Bruchsteinmauerwerk ab.

Das Obergeschoß des Nordost-Turmes wurde wohl im 19. Jahrhundert durch eine Quermauer in zwei Räume aufgeteilt, wobei der östliche Raum einen Durchgang zu Raum 1.7 erhielt. Die Westwand des Turmes besitzt eine ursprüngliche Scharte, die später zu einem Schlitzfenster erweitert wurde und von der aus die nördliche Kurtinenmauer unter Beschuss genommen werden konnte. Südlich daneben befindet sich ein vermauerter, etwas abschüssiger Gang, der ursprünglich auf den Wehrgang der Ringmauer führte (siehe Abb. 30). In der Nordwand des Ganges befindet sich ein kleines, vermauertes Fenster.

Die Trennwände der Räume 1.2 bis 1.7 bestehen komplett aus Mauerziegeln, wie Sondagen ergaben. Die Wanddicken betragen 32–34 cm, was einer Mauerziegellänge von 28–29 cm entspricht (abzüglich Putz). Es könnte sich also um das so genannte „Kaiserformat" von 288 × 137 × 70 mm handeln, das im Ziegel-Patent von 1715 von Kaiser Karl VI. festgelegt wurde. Außerdem wurden sämtliche Fensteröffnungen im Barock umgestaltet. Der Bereich über der Torhalle wurde im Barock komplett neu mit Mauerziegeln errichtet (siehe Abb. 31). Offenbar wurde dabei die ältere Wand des westlich anschließenden Gebäudes sowie ein Teil der westlichen Turmaußenwand mit einer Ziegelmauer verblendet, um einen geraden Abschluss des neuen Traktteiles zu erreichen. Dies lässt sich auch im Dachgeschoß nachvollziehen (siehe Abb. 32) und würde zudem die ungewöhnliche Mauerverdickung an der Westwand des Nordost-Turmes erklären.

Der westlich an die Nordwestecke des Osttraktes anschließende Raum besitzt in seiner Südwand ein renaissancezeitliches Fenster und eine vermauerte Türöffnung (siehe Abb. 33). In der Westwand deutet eine vermauerte Nische an, dass sich hier ein (barockzeitlicher) Durchgang zum Nachbargebäude befand, was auf der anderen Seite der Wand deutlich zu sehen ist. Die vermauerte Türöffnung der Südwand legt nahe, dass der Raum ursprünglich von außen wohl über einen vorgelegten Gang zugänglich war. Der heutige Zugang in der Ostwand dürfte demnach einen barockzeitlichen Durchbruch darstellen.

Ungeklärt bleibt vorerst auch, wie der nördliche Abschluss des Raumes 1.11 ursprünglich gestaltet war, denn hier ist der Wehrgang der Ringmauer mit dem dazugehörigen Abgang des Nordost-Turmes anzunehmen.

Abb. 32: Die der Westwand des Nordost-Turmes (mit Fenster) im Dachgeschoß vorgeblendete Mauer des barocken Erweiterungsbaues (2009)

Abb. 33: Raum 1.11, Südwand mit renaissancezeitlichem Fenster und vermauerter Tür (2009)

Abb. 34: Westwand des Osttraktes (OG). Im rechten, unteren Bildbereich ist die vermauerte Öffnung, die auch im darunter liegenden Pfarrsaal bei Renovierungsarbeiten beobachtet werden konnte, zu sehen. Unter dem abgeschlagenen Putz kam Mauerwerk zum Vorschein, das noch einer mittelalterlichen Zwingermauer angehören könnte (2009).

Abb. 35: Westfassade des Wohnbaues in der Vorburg (2009)

1.5 Beschreibung der Vorburg

1.5.1 Der Wohnbau mit Torturm

Parallel zum Osttrakt der Hauptburg befindet sich der lang gestreckte zweistöckige Wohntrakt der Vorburg, einen Hof freilassend (siehe Abb. 35 und Lageplan auf der Umschlaginnenseite). Er wurde im Zweiten Weltkrieg beschädigt und 1978–1982 wiederhergestellt. Er befindet sich seither in privater Nutzung, weshalb eine detaillierte Untersuchung nicht möglich war. Etwa in der Mitte des Wohntraktes befindet sich das rundbogige Haupttor, das in einem viergeschoßigen Turm liegt. Im Bogen über der äußeren Tordurchfahrt ist ein Wappen der Wolzogen mit der Jahreszahl 1607 angebracht (siehe Abb. 36/1, 36/2), was darauf hinweist, dass der Wohnbau in diesem Jahr von den Wolzogen fertig gestellt wurde. Der Hof zwischen Hauptburg und Vorburgtrakt wird im Norden durch eine Mauer abgeschlossen (siehe Abb. 37), in der sich ein renaissancezeitliches, rundbogiges Nebentor befindet, das außen eine rechteckige Blende und Öffnungen für die Seile einer ehemaligen Zugbrücke besitzt (siehe Abb. 38). Das setzt voraus, dass sich hier ursprünglich ein Graben befand. Über dem Tor befinden sich beidseits Schießscharten, die ehemals über einen hölzernen Wehrgang (Balkenlöcher) zugänglich waren.

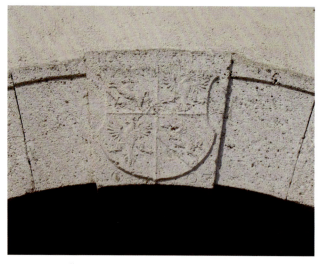

Abb. 36/1: Äußere Durchfahrt des Torturmes mit Wappenstein der Wolzogen/Dietrichstein von 1607 (2009)

Abb. 36/2: Wappen des Hans Christoph I. von Wolzogen (Quelle Fahrafelder Schulchronik, Franz Grill)

Abb. 38: Nebenpforte mit
ehemaliger Zugbrücke in der
nördlichen Abschlussmauer
der Vorburg (2009)

Abb. 37: Nördliche Abschlussmauer des Vorburg-
hofes mit Zugbrücken-Pforte (2009)

Abb. 39: Nordfassade der Schlosskirche mit Maß-
werkfenstern im (nach-)gotischen Stil (2009)

1.5.2 Die Kirche

Die Kirche des hl. Johannes Nepomuk schließt die südliche Schmalseite der Vorburg ab (siehe Abb. 39). Sie ist trotz der gotischen Fenster ein rein renaissancezeitlicher Bau und wurde zwischen 1607 und 1612 von Hans Christoph I. von Wolzogen erbaut. Die Kirche ist ein Beispiel für die so genannte „Nachgotik", bei der bis tief in den Barock gotisierende Bauformen zum Tragen kamen. Das lag zum einen daran, dass gotische Maßwerkfenster durch die gesamte Neuzeit hindurch als „schick" empfunden wurden – das „Kirchenfenster" schlechthin, zum anderen konnte der renaissancezeitliche Bauherr damit für die Öffentlichkeit eine vermeintlich alte Tradition manifestieren. Auch die Meinung, dass die „alte romanische Burgkapelle in ein spätgotisches Gotteshaus umgebaut [wurde]" (MADER, 183), entbehrt jedweder Realität. Weder Kirche noch Gruft geben auch nur einen einzigen Hinweis auf Entstehung in romanischer Zeit; zudem liegt die Aussage in der schriftlichen Quelle vor, nach der die Burgkapelle im Bereich der Altburg lag. Für die Bauzeit 1607–1612 sprechen die Bauinschriften: mit 1610 waren die ursprünglichen Glasscheiben bezeichnet, nördlich unterhalb des Schallfensters der Glockenstube im Turm findet sich die Jahreszahl 1612 (DEHIO, 1518). Die Jahreszahl „1610" am Hauptportal, das auch mit „Dom. Dom." (= Domus Domini, Haus des Herrn) bezeichnet ist, scheint erst nach Mitte des 19. Jahrhunderts angebracht worden zu sein, da in einem zeitgenössischen Bericht explizit erwähnt wird, die Aufschrift über dem Hauptportal habe keine Jahreszahl besessen.

Die Kirche besitzt ein 4-jochiges Schiff mit Kreuzgratgewölben auf Konsolen und 3/8-Chor (siehe Abb. 40), im Westen eine Empore (siehe Abb. 41) und einen Glockenturm mit Zwiebelhaube. An den Chor ist eine kleine Sakristei auf quadratischem Grundriss angebaut (DEHIO, 1518).

Die Lücke zwischen Kirche und Südost-Turmbastion war ursprünglich mit einer Mauer abgeschlossen (teilweise moderner Wiederaufbau). Zwischen Sakristei und Vorburg-Wohnbau wird sich auch eine Mauer befunden haben, um die Vorburg vom anschließenden Zwinger abtrennen zu können.

Abb. 40: Blick nach Osten auf den Altar (2009)

Abb. 41: Blick auf die Empore mit Orgel (2009)

1.6 Beschreibung von Zwingerbefestigung und Außenwerken

1.6.1 Der Zwinger und seine Befestigungen

Der gesamten Front der Vorburg ist auf der östlichen Seite ein Zwinger vorgelagert (siehe Abb. 43). Die Befestigungen bestehen aus einer mit Schießscharten besetzten Mauer. In der Nordost- und Südostecke ist jeweils ein runder Geschützturm (Rondell) in die Zwingermauer eingebunden. Den gesamten Bereich zwischen den Gebäuden der Vorburg und der Zwingermauer (einschließlich) bezeichnet man als *Zwinger*.

Abb. 43: Die Zwingerbefestigung gegen Nordwest. Im Vordergrund ist das südöstliche Rondell zu sehen, das in seinem Obergeschoß Geschützscharten besitzt (2009).

In der Zwingermauer befindet sich ein dem Torturm der Vorburg vorgelagertes Tor (siehe Abb. 44), über dessen rundbogiger Durchfahrt ein Wappenstein der Wolzogen mit den Initialen H C W Z N F = Hans Christoph Wolzogen zu Neuhaus Freiherr (KUNSTTOPOGRAPHIE, 342) angebracht ist (siehe Abb. 46). Das Tor wird auf den Seiten durch eine Eckquaderung hervorgehoben und konnte mit einem Balken verriegelt werden, wie ein Balkenkanal verrät (siehe Abb. 45). Die Zwingermauer wurde während der Kampfhandlungen im letzten Weltkrieg ebenfalls in Mitleidenschaft gezogen und zeigt in den oberen Bereichen moderne Ausbesserungen.

Abb. 46: Wappenstein des Hans Christoph Wolzogen zu Neuhaus [Freiherr] über dem Zwingertor (2009)

Abb. 42: Kirche, Schnitt von West nach Ost. Aus: KUNSTTOPOGRAPHIE, 340 (Fig. 430)

Abb. 44: Das wappenbekrönte Zwingertor (2009)

Abb. 45: Zwingertor, Kanal des Riegelbalkens (südliche Torwange) (2009)

Abb. 48: Nordöstlicher Zwingerbereich mit Geschützturm und östlich angestelltem Außenwerk (2017)

Abb. 49: Blick auf das südwestliche Außenwerk (2009)

1.6.2 Die Außenwerke an der Süd- und Ostseite

Als äußeres Annäherungshindernis wurde dem Zwinger zusätzlich auf der Ost- und Südseite ein rechteckiges Außenwerk vorgebaut (siehe Abb. 5 und Lageplan auf der Umschlaginnenseite). Es besteht im stark abfallenden Gelände der Nordostseite aus einer bastionsähnlichen Festungsmauer mit einer Ausfallpforte (siehe Abb. 47, 48). Im weiteren Verlauf nach Süden und in einer Abknickung nach Westen verlief eine niedrigere Mauer bis an die südöstliche Ecke der Kirche. Reste der Mauer werden noch teilweise in der Friedhofsmauer erhalten sein. Etwa an der Stelle, an der heute eine Straße die ehemalige Ostmauer des Außenwerkes durchschneidet, dürfte sich ein Tor befunden haben. Auf dem

Abb. 47: Burg Neuhaus, Ostseite mit Außenwerk und Ausfallpforte um 1890 (Aus KRYSPIN, Tafel)

Terrain des Außenwerkes dürften ursprünglich, vor Anlage des Friedhofes, wohl einfache Wirtschaftsbauten gestanden sein.

Auch unterhalb der Südkurtine der Hauptburg wurde ein rechteckiges Außenwerk angelegt, das
heute als sogenannter „Rosengarten" für Hochzeiten und andere Anlässe genutzt wird. Seine äußere
Mauer wird von breiten Segmentbogenfenstern bekrönt (siehe Abb. 49). Dahinter konnten ehemals
Geschütze aufgestellt werden. Offenbar wurde im Laufe des 18. Jahrhunderts in seine Südwestecke
eine Art Gartenpavillon eingebaut, wie eine alte Ansicht vermuten lässt (siehe Abb. 2). Beide Außenwerke dürften aufgrund des Mauerwerks ebenfalls unter den Wolzogen zu Anfang des 17. Jahrhunderts
errichtet worden sein. Auch das keilförmig zulaufende Gelände vor der westlichen Kurtine war ursprünglich mit einer Palisadenreihe befestigt, wie der Vischer-Stich zeigt (siehe Abb. 1).

1.7 Archäologische Untersuchungen

April/Mai 2013 (Verein ASINOE): Im Bereich der Aufgangsrampe zur Altburg wurden bei archäologischen Untersuchungen einige Befunde von Mauerfundamenten freigelegt, die ab dem 17. Jh.
entstanden und vermutlich in Verbindung zu einer Aufgangskonstruktion bzw. eines Zugangsgebäudes
zu setzen sind. Dabei kam auch ein in Verlängerung der nördlichen Ringmauer der Altburg liegendes
Mauerfundament an der Nordostecke zum Vorschein, bei dem es sich um Reste einer Torkonstruktion
des 13. Jahrhunderts handeln könnte (siehe Abb. 50). An der Nordwestecke des Bergfrieds wurden
zudem Mauerreste unbekannter Funktion freigelegt, die wohl zu einem Ausbau des 17. Jahrhunderts
gehören (Grabungsbericht ASINOE).

Im Zuge des Ausbaus des „Stadls" sowie des östlich anstehenden, als „Werkstatt" bezeichneten
Gebäudes für Veranstaltungszwecke wurden archäologische Untersuchungen durchgeführt.

Oktober 2013 (Archäologiebüro Fa. Mag. Federico Bellitti): Nach Abtragung des Beton-
bodens wurden in der Südostecke des Stadls die Fundamente eines neuzeitlichen Kachelofens (siehe
Abb. 51) sowie im Bereich des Bogendurchgangs der Ostwand ein Mauerfundament, das zum Ausgleich des Bodenniveaus diente, freigelegt. In der Werkstatt kam ein an beiden Enden ausgerissenes
kurzes Mauerfundament unbekannter Funktion zum Vorschein (siehe Abb. 52), das im Abstand von
2,20 m parallel zur Nordkurtine lag (Grabungsbericht BELLITTI).

Abb. 50: Freigelegtes Mauerfundament in Verlängerung der nördlichen Ringmauer der Altburg an der Nordostecke (Foto Verein ASINOE)

Abb. 51: Ofenfundament in der Südostecke des Stadls (Foto Archäologiebüro Bellitti)

Abb. 52: Mauerrest parallel zur Nordkurtine im Bereich der „Werkstatt" (Foto Archäologiebüro Bellitti)

Abb. 53: Abfallgrube (links) und Kalkgrube (rechts) an der Nordwestecke des Stadls (Foto AS-Archäologie Service)

September 2014 (AS-Archäologie Service): Im Vorfeld der geplanten Errichtung einer Stiege an der Nordwestecke des Stadls wurden bei den archäologischen Maßnahmen Befunde aus der 2. Hälfte des 19. Jahrhunderts (gemauerte Abfall- und Kalkgrube, siehe Abb. 53) sowie Planierschichten des 17. bzw. frühen 18. Jahrhunderts ermittelt (Grabungsbericht AS-ARCHÄOLOGIE SERVICE).

1.8 Rekonstruktionen der Hauptbauphasen

Die Gründungsanlage aus der Mitte bzw. 2. Hälfte des 13. Jahrhunderts wurde auf der höchsten Geländestufe auf dem freiliegenden Felsen als kompakte, rechteckig von einer Ringmauer umschlossenen Kleinburg errichtet. Der gesamte westliche Abschluss wurde von einem Wohnbau (Palas) eingenommen, während sich an der Südostecke des Burghofes der Bergfried erhob. Wie an Burgen dieser Zeitstellung zahlreich zu belegen ist, dürfte der Bergfried ein hölzernes, vorkragendes Obergeschoß besessen haben (siehe Abb. 54). Im Schutz des Bergfrieds befand sich an der Nordostecke das Burgtor, das vermutlich schon von einer Zwingermauer zusätzlich gesichert war. Ob das abschüssige Gelände an der Nordseite schon damals mit Mauern und Gebäuden versehen war, lässt sich mangels Befunden nicht sagen. Der die Hauptburg tragende Sporn dürfte im Osten durch einen Halsgraben abgetrennt gewesen sein. Der Halsgraben wurde bei den späteren Ausbauten um 1600 überbaut. Wie üblich dürfte auch Burg Neuhaus eine mittelalterliche Vorburg, in der sich Wirtschaftsbauten, Gesindewohnungen und möglicherweise auch eine Kapelle befanden, besessen haben. Durch spätere Überbauung sind hier jedoch keine konkreten Aussagen mehr möglich.

Das um 1600 festungsartig ausgebaute Burgschloss dürfte in den Außenbereichen zusätzlich mit Palisadenreihen gesichert gewesen sein, was auch die älteste Ansicht von Vischer (siehe Abb. 1) zeigt (siehe Abb. 55).

1.9 Zusammenfassung der Baugeschichte

Ob Burg Neuhaus schon unter den Herren von Haßbach Mitte des 13. Jahrhunderts entstanden ist, kann aufgrund des erhaltenen Mauerwerks nicht eindeutig belegt werden, jedoch ist dieses typologisch der Mitte/2. Hälfte des 13. Jahrhunderts zuzuordnen. Die älteste Anlage umfasste eine Ringmauer mit eingestelltem Wohnbau (Palas) und einem Bergfried. Die ursprüngliche Toranlage ist obertägig nicht erhalten, jedoch in der Nordostecke der Ringmauer in Nähe des Bergfriedes zu konstatieren.

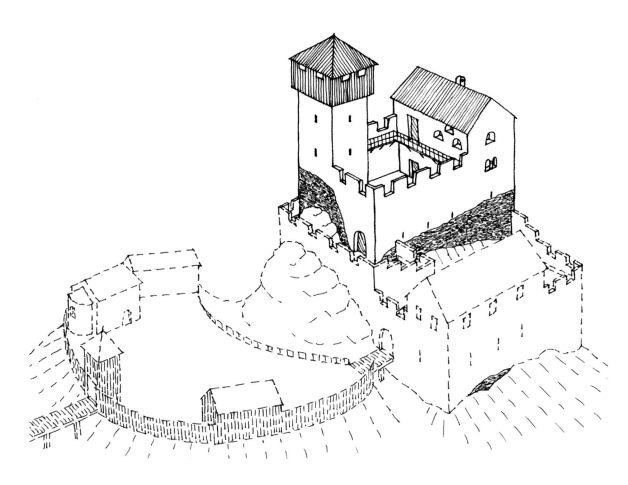

Abb. 54: Rekonstruktionsversuch der ersten Bauphase Mitte/2. Hälfte 13. Jh. (Zeichnung Patrick Schicht). Erhaltenes Mauerwerk ist steinsichtig gezeichnet; vermutete, jedoch nicht nachweisbare Bauten sind strichliert dargestellt.

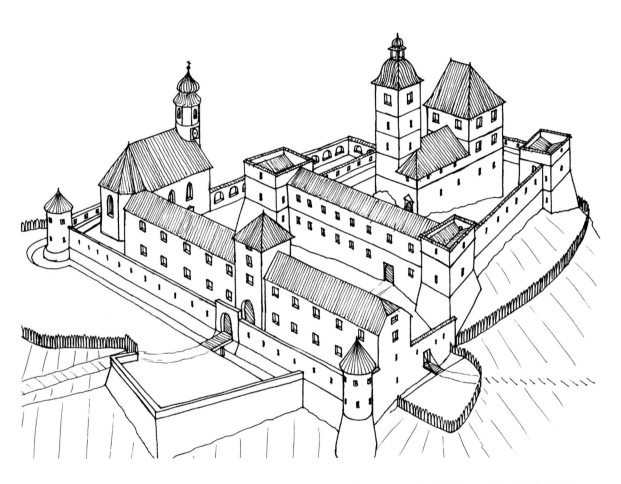

Abb. 55: Rekonstruktion nach Ausbau zur Festung/Burgschloss Anfang 17. Jh. (Zeichnung Patrick Schicht)

Unter dem Geschlecht der Inprucker wurde dem Palas im Westen im 16. Jahrhundert ein Erweiterungsbau angefügt sowie Kellergewölbe im Palas und eine Geschützscharte in den Bergfried eingebaut.

Nach Übernahme von Neuhaus durch Hans Christoph I. von Wolzogen Ende 1595 erfolgte die komplette Umgestaltung der Burg mit zahlreichen Neubauten. Zuerst wurde die Hauptburg mit Ringmauer und Bastionstürmen („Basteien 1599 erbaut") errichtet. Vermutlich wurde an die Innenseite einer mittelalterlichen Zwingermauer der Altburg östlich ein Saalbau angestellt, dessen Ausmaße mit dem heutigen Pfarrsaal identisch sind. Westlich des Nordost-Turmes wurde zudem ein kleines Gebäude unbekannter Funktion errichtet. In einem zweiten Bauabschnitt errichtete man das Wohngebäude der Vorburg mit Torturm (Wappen mit Jahreszahl 1607). Etwa zeitgleich dürfte mit dem Bau der übrigen Vorburggebäude und der Zwingerbefestigungen begonnen worden sein. Die Kirche wurde bis 1612 (Bauinschrift am Turm) fertiggestellt. Einen dritten Bauabschnitt stellen die Außenwerke auf der Süd- und Ostseite dar, die wohl in etwa zeitgleich mit der Kirche, oder nur wenig später, fertig gestellt worden sind.

Unter Kaiser Karl VI. schließlich erfolgte um 1726 eine barocke Umgestaltung und Erweiterung des Osttraktes der Hauptburg, westlich davon wurde ein kleines Gebäude errichtet, das wohl in Zusammenhang mit der Spiegelproduktion zu sehen ist.

Literatur

DEHIO: Peter Aichinger-Rosenberger, Evelyn Benesch, Kurt Bleicher u.a. (Bearb.), Niederösterreich südlich der Donau, Teil 2 (Dehio-Handbuch, Die Kunstdenkmäler Österreichs). Horn/Wien 2003.

DOPSCH, Alfons: Die landesfürstlichen Urbare Nieder- und Oberösterreichs aus dem 13. und 14. Jahrhundert (Österreichische Urbare Bd. 1). Wien und Leipzig 1904.

EIGNER, Otto: Neuhaus (Sonderdruck aus: Topographie von Niederösterreich Bd. 7). Wien 1908.

HALMER, Felix: Burgen und Schlösser zwischen Baden, Gutenstein, Wiener Neustadt (Birken-Reihe: Niederösterreichs Burgen und Schlösser I/2). Wien 1968

KIRCHENPROTHOCOL, Neuhauserisches Kirchen Prothocol, Handschrift

HANAUSKA, Fritz: Artikel „Neuhaus". In: Karl Lechner, Donauländer und Burgenland (Handbuch der historischen Stätten). Stuttgart 1985 (2. Auflage), 434–435.

KIRCHLICHE TOPOGRAPHIE = Historische und topographische Darstellung der Pfarren, Stifte, Klöster…. Fünfter Band: Pottenstein und dessen Umgegend. Wien 1826.

KRYSPIN, Karl G.: Neuhaus im Wienerwalde und die Wolzogen. In: Berichte und Mittheilungen des Alterthums-Vereines zu Wien Bd. 30 (1894) 78–100.

KUNSTTOPOGRAPHIE: Dagobert Frey, Die Denkmale des politischen Bezirkes Baden (Österreichische Kunsttopographie Bd. 18). Wien 1924.

MADER, Bernhard: Ortsteil Neuhaus im Wienerwald. In: Marktgemeinde Weissenbach an der Triesting (Hrsg.), Heimatbuch der Marktgemeinde Weissenbach a. d. Tr. Von einst bis heute. Weissenbach 1986, 153–286.

WOLZOGEN: Karl August Alfred Freiherr von Wolzogen und Neuhaus, Geschichte des Reichsfreiherrlichen von Wolzogen'schen Geschlechts, 2 Bde. Leipzig 1859.

Kleines Glossar

Aborterker/Abortschacht: Eine über die Mauer vorkragende Toilettenanlage

Außenwerke: Allgemeiner Begriff für äußere Wehrelemente (Mauern, Bastionen usw.)

Bastion, Bastei: Ein über die Flucht oder Ecke einer Außenmauer hervorspringender, keilförmiger Mauerabschnitt, der zur Bestreichung der Flanken und zum Aufstellen von Geschützen diente

Bergfried: Hauptturm einer Burg, nur in gefahrvollen Zeiten bewohnt; diente als Machtsymbol und zur Aufbewahrung von wertvollen Gegenständen

bluembbesuech [Blum(en)besuch(srecht)]: Weidegerechtigkeit – das Recht, das Vieh auf fremden Grundstücken weiden zu lassen [Eugen Haberkern, Joseph Friedrich Wallach: Hilfswörterbuch für Historiker. Tübingen/Basel 1995, Bd. 2, S. 660]

Halsgraben: Typ eines Abschnittsgrabens, der die auf dem Spornende liegende Burg vom Bergrücken abtrennt

Kurtine: Mauerabschnitt zwischen zwei Türmen bzw. Bastionen (Bezeichnung besonders im Festungsbau gebräuchlich)

Palas: Wohnbau des Burgherrn, in dem sich im Obergeschoß ein großer Saal für Feierlichkeiten befand (die moderne Burgenforschung spricht deshalb auch von Saalbau)

Ringmauer (auch: Bering): Starke Mauer, die die Hauptburg umschließt

Rondell: Eine im Grundriss runde Bastion/Bastei

Kordongesims: Halbrund vortretendes Gesims zwischen dem gebeschten Mauersockel und den darüber senkrecht errichteten Aufbauten

Zwinger: Der Bereich zwischen der Ringmauer und einem äußeren Mauerring (Zwingermauer)

Baualterpläne

Mitte / 2. Hälfte 13. Jh.

16. Jh.

um 1600

um 1726

modern

10 m

Tor

Fels

Erdgeschoss

1 Bergfried; 2 Wohnbau (Palas); 3 Anbau mit Abortschacht; 4 Turmbastionen; 5 Kurtinen; 6 Tor mit Torhalle; 7 Osttrakt (barock überformt); 8 Wirtschaftsgebäude; 9 aufgefüllte Hofbereiche; 10 Anbau mit integrierter renaissancezeitlicher Halle; 11 Anbau

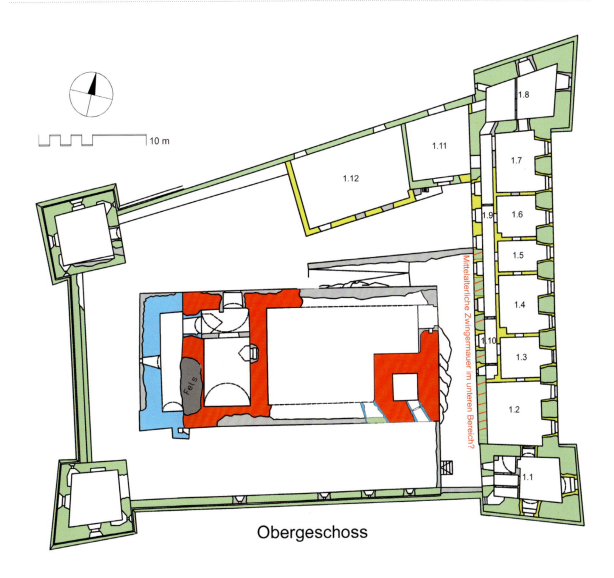

Obergeschoss

Baualterpläne der Hauptburg (Bauaufnahme und Digitalisierung: Gerhard Reichhalter, Patrick Schicht; Bearbeitung: Ralf Gröninger 2009/2018)

Österreich unter den Babenbergern

976-1246

KGR BÖHMEN

HZ BAYERN

Moldau

Weitra

Raabs

Retz

Horn

Freistadt

Donau

Inn

Linz

Krems

HZ ÖSTERREICH

Klosterneuburg

Marchegg

Donau

Wien

Preßburg

Eferding

Enns

Melk

St. Pölten

Lambach

Steyr

Kremsmünster

Neuhofen

Traisen

Mödling

Baden

Traun

BM Freising

Traungau

Leitha

Neusiedler See

Enns

GF Pitten

EBM SALZBURG

HZ STEIERMARK

Bruck

Schladming

Leoben

KGR UNGARN

Mur

Judenburg

Graz

HZ KÄRNTEN

BM Salzburg

Drau

Marburg

Thaya

March

50 km

● Portenau (Pordenone) 1212

	Mark Ostarrichi 976		1000-1156		1192 (Steiermark)		heutige Staatsgrenze
	Erweiterung 996-1000		1156		Geistliche Gebiete		

Kapitel 2

Der Wienerwald
im Hochmittelalter

Patrick Schicht

Geopolitischer Rahmen

Der Wienerwald belegt ein flaches aber breites Gebirgsmassiv, das als östlicher Ausläufer des mitteleuropäischen Alpenbogens zwischen dem Tullner und dem Wiener Becken aufragt. Der bis knapp 900 m hohe und durchschnittlich 20 km breite Bergrücken fällt im Norden bei Greifenstein in steilen Klippen ab und zwingt dabei die hier fließende Donau zu einem scharfen Bogen, dessen lokales Ufer erst in jüngerer Zeit durch aufwändige Sprengungen ganzjährig passierbar wurde.

Da das Donautal seit der Urgeschichte die wichtigste West-Ost-Achse Europas bildete und die sumpfigen nördlichen Auen nur weiträumig zu umgehen waren, bildete der Wienerwald in zahlreichen Epochen zwar einerseits eine politische Barriere, andererseits kanalisierte er den überregionalen Verkehr in mehreren Durchläufen, die spätestens seit der Römerzeit immer die gleichen Trassen nutzten. Gerahmt wird der Wienerwald im Westen durch die Nord-Süd-orientierte Überlandstraße des Traisentals von Mariazell über St. Pölten und Traismauer in Richtung Prag sowie im Osten durch die Venedigerstraße von Italien über den Semmering bis zur Bernsteinstraße an die Ostsee (CSENDES, 242). Auf einer Hangstufe läuft parallel der erhöhte Gebirgsrandweg von Neunkirchen über Baden und Mödling bis Wien, um eine hochwassersichere Trasse zu gewährleisten und um die dort gelegenen Siedlungen zu verbinden. Quer durch den bis heute dicht bewachsenen Wienerwald gibt es zwar keinen einzigen natürlichen Pass, jedoch erlauben Kierlingbach, Wienfluss, Triesting und Piesting mit ihren sanft ansteigenden breiten Senken von Osten her ein bequemes Einsteigen. Die heute viel benutzten schmalen Täler von Liesing, Mödling und Schwechat waren hingegen durch lokale Klausen bis ins 19. Jahrhundert nicht durchgehend zu befahren.

Während die anschließenden fruchtbaren Hänge und Ebenen durch alle Epochen intensiv besiedelt waren, deutet die Archäologie des Wienerwaldes auf einen kaum erschlossenen dichten Urwaldgürtel, der nur entlang der schmalen Verkehrsachsen, bei lokalen Rohstoffen sowie zur Jagd und Holzgewinnung bevölkert war. Nach der planmäßigen Räumung der Römer, der langen Völkerwanderungszeit und dem Abzug der inzwischen östlich heimischen Langobarden und Awaren schien der Großraum nach einem erfolgreichen Feldzug von Karl dem Großen 791 als Teil des bairischen Herzogtums kolonisiert werden zu können. Wenige Jahrzehnte später eroberten aber die Ungarn das Gebiet bis an die Enns und es dauerte bis ins späte 10. Jahrhundert, ehe man von Westen her wieder den Wienerwald überschreiten konnte, um eine langsam expandierende Grenzmarkgrafschaft aufzubauen (KÜHTREIBER, 267). Im mittleren 11. Jahrhundert etablierte sich die Leitha als Grenze, die mit kurzzeitigen Versetzungen bis zum Ende der Habsburger Monarchie halten sollte.

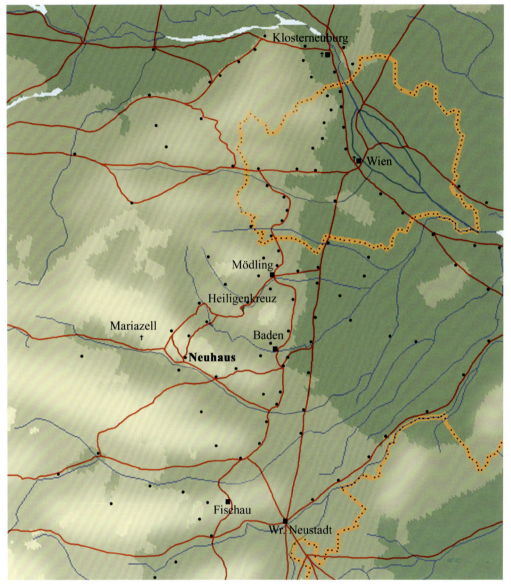

Abb. 1: Der Wienerwald im Hochmittelalter mit den bedeutendsten Straßen (rot), Siedlungen (Quadrate), Klöstern (Kreuze) und Herrschaftssitzen (Punkte)

Ausbau des Landes

Über die hochmittelalterliche Besiedelung des Wienerwalds ist man auf zufällige Nennungen in Urkunden angewiesen, wo regionale Adelige lediglich punktuell als Zeugen fassbar sind. Daraus kann naturgemäß keine lückenlose Entwicklung geschlossen werden, zumal auch die spärliche Archäologie keinen Lückenschluss erlaubt. Für den südlichen Wienerwald fehlen auch aktuelle historische oder bauhistorische Aufarbeitungen, sodass hier in Zukunft noch viele Klarstellungen und grundlegende neue Erkenntnisse zu erwarten sind (BÜTTNER, 126). Offensichtlich lag der Großteil abseits der großen Siedlungsachsen und Handelswege und war entsprechend dünn bewohnt. Steinige Hochwälder und kaum nutzbare Hangflächen mögen zudem keinen großen Spielraum gelassen haben.

Der Raum des heutigen Niederösterreich war nach dem Rückzug der Ungarn fast nur entlang der Donau sowie großer Seitentäler herrschaftlich besetzt. Mit der Aussicht auf neu zu erschließendes Land kamen umgehend zahlreiche Hochadelige mit ihrem Gefolge aus dem Altsiedelland, um in mehreren Wellen die weitläufigen Landschaften bis zu den nassen Grenzen Thaya, March und Leitha sowie den Voralpen für sich zu reservieren. Der innere Aufbau des jeweiligen Herrschaftsnetzes und die Verdichtung mit Siedlern sollten hingegen teilweise erst viel später erfolgen. Großen Anteil an der Erschließung hatten naturgemäß die Babenberger als lokale Markgrafen von Österreich, die beispielsweise vom König im Jahr 1002 weiträumiges Krongut zwischen den Tälern der Dürren Liesing und der Triesting sowie im Jahr 1035 weiteres zwischen Triesting und Piesting erhielten und dieses sofort an ihre Gefolgschaft weitergaben. Andere Gebiete besetzten etwa die bayrischen Sieghardinger, Ebersberger, Neuburg-Falkensteiner, Formbacher, Klinger und Plainer, die jeweils große Adelsgruppen sowie Bauern zur Kolonisation mitbrachten. Aber auch bayrische Bistümer und Klöster beteiligten sich am Landesaufbau, wobei sie vor allem Wert auf Weinbauregionen und Verkehrswege legten. Die mächtigen Adeligen aus dem Westen agierten entsprechend selbstbewusst und regierten das Land in regelmäßigen Zusammenkünften gemeinsam mit den führenden Babenbergern als Kollektiv.

Von steirischer Seite erfolgte eine Landeserschließung bis zur Piesting bzw. bis Sollenau (WELTIN, 291). Mit der Gründung von Wr. Neustadt 1192/94 durch die Babenberger orientierte sich dieses Gebiet nördlich des Semmerings zum Steinfeld, um 1254 dauerhaft an das Herzogtum Österreich angeschlossen zu werden.

Mit dem Investiturstreit zwischen Kaiser und Papst um die Bestellung von Reichsbischöfen im späten 11. und frühen 12. Jahrhundert kam es zu einer deutlichen und nachhaltigen Verschiebung

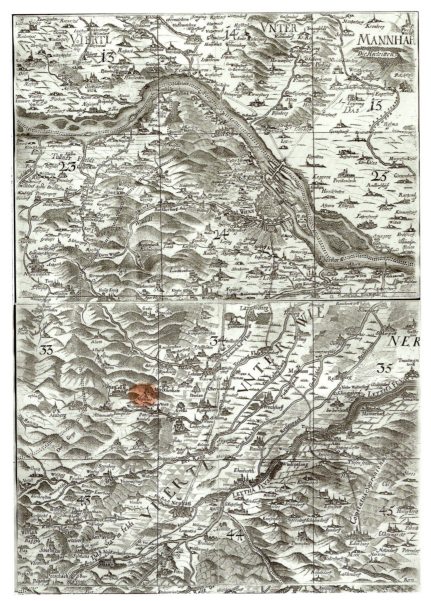

Abb. 2: Der Wienerwald nach Georg Matthäus Vischer 1672 mit Heraus-
hebung von Neuhaus

der Kräfte (KUPFER, 25 bzw. 31). Während große Teile des Reichs zum Kaiser loyal blieben, bildete sich in den Ostalpen – ausgehend vom Erzbistum Salzburg und dem Bistum Passau – eine propäpstliche Allianz, der sich Österreich und die Steiermark anschlossen (FRIEDEL, 123). Im ganzen Reich eskalierte ein blutiger Bürgerkrieg, der im Jahr 1082 auch den Osten erreichte, als in der Schlacht bei Mailberg die Babenberger eine empfindliche Niederlage gegen die vom Kaiser gesandten Böhmen einstecken mussten. Das papsttreue Österreich überstand diese Krise durch die inzwischen fest zusammengewachsene Adelsgemeinschaft; kaisertreue Geschlechter wie die Diepoldinger mussten sich jedoch weitgehend nach Bayern zurückziehen. Das regionalpolitische Erbe traten zu einem großen Teil die Babenberger an, die einst zugehörigen Gefolgsleute in den heutigen Bezirken Mödling, Baden und Bruck arrangierten sich mit den Markgrafen.

Um die Jahre 1120/1130 erfolgte durch einen Zweig des u.a. um Nöstach ansässigen Geschlechts der Haderiche die Gründung des Benediktinerklosters (Klein-)Mariazell. Die Beteiligung der Babenberger an diesem Vorgang ist zweifelhaft (LECHNER, 69). Kurz danach scheint dieser Familienzweig der Haderiche erloschen zu sein. Ihr Stammgebiet um Nöstach und Berndorf war jedenfalls Teil des Dotationsguts (Gründungsvermögens) für das Kloster, ein übliches Vorgehen angesichts des Endes einer bedeutenden Adelsfamilie. Im ganzen Land etablierten sich nun andere Große mit ihrem Gefolge, die offensichtlich als treue Anhänger der Babenberger (ab 1156 Herzöge von Österreich) die politische Konsolidierung und weitere Verdichtung betreiben sollten. So wurde der Westabfall des Wienerwaldes nun von den Lengbachern und ihrer Sippe besetzt, in der Gegend um Hernstein dominierten die einst aus Oberbayern gekommenen Grafen von Neuburg-Falkenstein.

Die Kleinregion um Neuhaus wird erst im 13. Jahrhundert in den Quellen fassbar, also zu einer Zeit, wo die kolonisatorische Durchdringung des Wienerwalds schon relativ weit fortgeschritten war. Es scheint, als ob das Machtvakuum nach dem Tod des letzten Babenbergers Friedrichs II. (des Streitbaren) 1246 von verschiedenen adeligen Gruppen dazu genützt wurde, sich durch Erbauung von Burgen neue Einflusssphären zu sichern. Dies geschah offenbar auch im südlichen Wienerwald, so führt das landesfürstliche Urbar (Bestandsverzeichnis) aus der Zeit des Nachfolgers, König Ottokars von Böhmen (1251–1276), Neuhaus unter den widerrechtlich erbauten Burgen, was auf eine Erbauungszeit zwischen 1246 und 1251 schließen lässt (LEEB, 292).

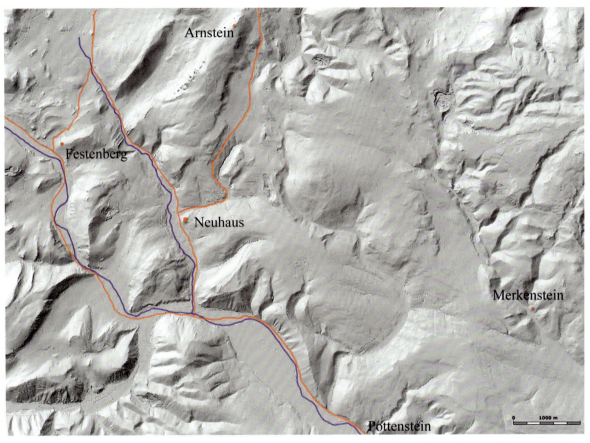

Abb. 3: Geländerelief der Region um Neuhaus mit Eintragung der bedeutenden benachbarten Herrschaftssitze; braun-Überlandwege, blau-Gewässer. (Grundlage: Niederösterreich-Atlas)

Kirchen und Klöster

Im Mittelalter hatte die Kirche eine bedeutende weltliche Komponente, war jedoch fest in adeligen Händen und somit als Teil der Regionalpolitik stark zersplittert. Zudem waren die meisten Sakralbauten als Eigenkirchen in direktem Besitz der lokalen Herrschaft und selbst die großen Klöster und Bistümer wurden oft durch aristokratische Vögte eingeschränkt, sodass die Handlungsfähigkeit analog zu Landesfürsten und Grafen von starken Allianzen und einer guten Hausmacht abhing.

Unter den Landesfürsten wurden in üblicher Herrschaftstradition mehrere Klöster errichtet, motiviert neben der persönlichen Frömmigkeit vor allem als sakraler Ort von Amtshandlungen, Träger von Kultur, Wissen und Kanzlei sowie für die Familiengrablege und Memoria. Bereits früh hatte man neben der Residenz Melk ein Kloster gegründet und dieses bald mit Pfarren am Ostabhang des Wienerwaldes betraut. Mit dem Investiturstreit gründete der papsttreue Passauer Bischof Stift Göttweig, von wo aus um Hainfeld bald mehrere Pfarren veranlasst wurden.

Im frühen 12. Jahrhundert übersiedelte der Babenbergerhof nach Klosterneuburg, wo neben der neuen Residenz ebenfalls ein Kloster mit großem Vermögen entstand. Es folgten 1120/1130 (Klein-) Mariazell, 1133 Heiligenkreuz, 1155 mit der Übersiedlung nach Wien das dortige Schottenkloster und 1202 Lilienfeld. Sie alle bekamen als Dotation zahlreichen Besitz im Wienerwald, wo sie in unterschiedlicher intensiver Form landwirtschaftliche Produktion ausübten und den Überschuss in ihren städtischen Höfen verkauften.

Zur regionalpolitischen Macht wurden diese Klöster nie, wenngleich sie erfolgreich bestrebt waren, in ihrem Umfeld jeglichen Adelssitz aufzulösen. Mehrere weit entfernt residierende Bischöfe erwarben Besitz im Donautal, wo vor allem Salzburg und Passau etwa zwischen Tulln und Greifenstein viele Weinorte hielten und Freising rund um Groß-Enzersdorf begütert war. Im Wienerwald gab es hingegen kaum bischöfliche Herrschaften.

Bauern und Hilfskräfte

Im Hochmittelalter gab es zwei Systeme der Landwirtschaft für die adeligen Grundherren, die Vergabe an Bauern sowie die Eigenverwaltung durch Meierhöfe. Während letztere durch sklavenartige Leibeigene betrieben wurden, konnten Bauern in verschiedenen Abstufungen durchaus große Anwesen errichten, deren gering definierte Naturalabgaben selbst eine größere Anzahl von Gesinde sowie

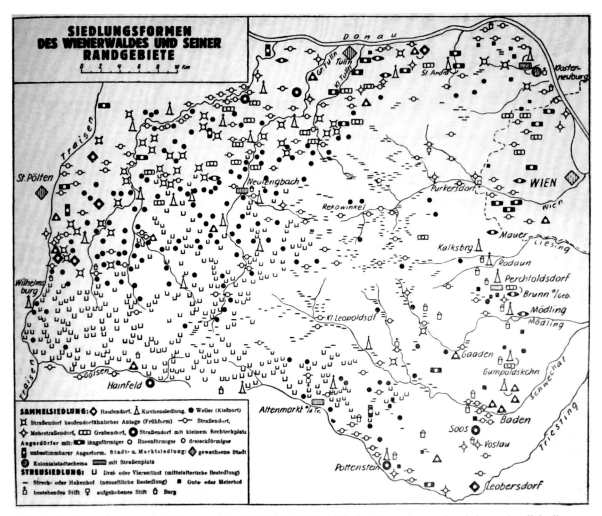

Abb. 4: Siedlungsformen des Wienerwaldes (KLAAR 1952, 121). Im Zentralraum dominieren deutlich die unterschiedlichen Einzelgehöfte, in den Randbereichen die Dörfer und Märkte.

saisonalen Tagelöhnern ermöglichten. Als besonderes Phänomen sind im südlichen Wienerwald wie in anderen siedlungsfernen Gegenden privilegierte Gehöfte zu beobachten, oft mit Abwandlungen der Familiennamen Aigner, Hauser und Hofer verbunden, die sogar eigenen Waldbesitz umfassen konnten. Mehrfach sind dabei frühe Steinbauten nachzuweisen, sogar turmartige Gebäude, die eine schwimmende Abstufung vom hörigen Großbauern über den rechtlich bevorzugten „Freibauern" bis zum unteren Dienstadel nahe legen.

Als Hauptmasse der Bevölkerung ist die große Zahl an sonstigen Hof- und Dorfbewohnern zu nennen, von spezialisierten Handwerkern bis zu fast rechtlosen Knechten und abseits lebenden Hilfskräften. Die Leibeigenschaft hielt sich nicht zuletzt bis ins 16. Jahrhundert, als die großen Bauern längst in selbstbewussten Ständen organisiert waren und ihre Vertretungen in die Landesregierung schickten.

Literatur:

BÜTTNER, Rudolf: Die Burgen des Wienerwaldes, in: Ein Buch vom Wienerwald (Hg. Erik Arnberger, Rudolf Wismeyer), Wien 1952, 126–142.

CSENDES, Peter: Die Straßen Niederösterreichs im Früh- und Hochmittelalter, Wien 1969.

FRIEDEL, Birgit: Die Vohburg, eine frühe Burg an der Donau, in: Neue Forschungen zum frühen Burgenbau, Forschungen zu Burgen und Schlössern Bd. 9 (Hg. Wartburg-Gesellschaft), München-Berlin 2006, 123–142.

KLAAR, Adalbert: Die Siedlungsformen des Wienerwaldes und seiner Randgebiete, in: Ein Buch vom Wienerwald (Hg. Erik Arnberger, Rudolf Wismeyer), Wien 1952, 118–125.

KÜHTREIBER, Karin und Thomas: Frühe Herrschaftsbildung und Burgenbau im südöstlichen Niederösterreich, in: Savaria a Vas Megyei Múzeumok Értesítóje 31/2007, 267–274.

KUPFER, Erwin: Das Weinviertel. Herrschaft, Siedlung und soziales Geflecht im Hohen Mittelalter, Wien 2017.

LECHNER, Karl: Die Gründung des Klosters Maria-Zell im Wienerwald und die Besitzgeschichte seiner Stifterfamilie, in: Karl Lechner, Ausgewählte Schriften (Hg. Karl Vancsa), Wien 1947.

LEEB, Willibald: Über den Ursprung von Neuhaus (VUWW), in: Monatsblatt des Vereins für Landeskunde von Niederösterreich III, 1907, 292–295.

WELTIN, Maximilian: Von der Mark an der Mur zum „Stirelant". Die Steiermark unter Otakaren und Babenbergern, in: Die Länder und das Reich, der Ostalpenraum im Hochmittelalter (Hg. Heinz Dopsch, Karl Brunner, Maximilian Weltin), Wien 1999, 270–307.

Kapitel 3

DER ORT NEUHAUS VOM 19. INS 21. JAHRHUNDERT

Helene Schießl

1800 – seit rund 100 Jahren gibt es hier eine Spiegelfabrik, die erste Industrieanlage im Triestingtal, vermutlich auch die erste in Niederösterreich und die erste Spiegelfabrik in Österreich. Verbunden mit der Gründung und der Entwicklung des Werkes war der Zuzug von Arbeitern, die auch hier wohnen mussten. Die Ansprüche, die damals an das Wohnen gestellt wurden, waren äußerst bescheiden. Und so kann man annehmen, dass in den Kleinhäusern Wohnräume vergeben wurden. 36 Wohnparteien, zum Teil noch Arbeitende, zum Teil „in Ruhe gesetzte Arbeiter von der k.k. Spiegelfabrik" wohnten im Schloss, ebenso der Pfarrer und der Schullehrer (vgl. KIRCHL. TOP., 154). Auch die einklassige allgemeine öffentliche Volksschule, 1769 durch Kaiserin Maria Theresia errichtet, befand sich hier (vgl. MADER, 168 und 187). 1726 war unter Kaiser Karl VI. die von den Türken 1683 zerstörte Burg wieder hergestellt worden, ebenso die Kirche. 1733 hatte der Kaiser wegen der raschen Zunahme an Einwohnern ein „Kuratbeneficium" gestiftet, aber auch deshalb, dass sich die Arbeiter „wegen der beständigen Unterhaltung des Feuers" nicht an andere Orte zum Gottesdienst begeben mussten. 1783 war Neuhaus unter Kaiser Joseph II. eine „Local-Caplaney" und schließlich eine eigene Pfarre geworden. (Vgl. MADER, 168, KIRCHL. TOP., 157). Seit 1760 gab es auch einen Friedhof, allerdings nur für die Arbeiter der Spiegelfabrik (vgl. DENKBUCH A, Fol. 192). Für die Auslagen der Kirche wurde das „Sambl-Geldt" (= Sammelgeld) verwendet, das aber nicht ausreichte. Weitere Ausgaben wurden von der „Kayl. Königl. Directions-Cahsa zu Fahrafeld" bestritten (vgl. DENKBUCH A, Fol. 191). (Anm.: Kuratbenefizium: Kurat = katholischer Geistlicher, dem die Seelsorge obliegt. Beneficium = Einkünfte zum Unterhalt von Geistlichen. Local-Caplaney: von einer Mutterpfarre abgetrennte, ganz oder teilweise selbstständige Filiale. Neuhaus war ursprünglich nach Pottenstein eingepfarrt und wurde laut KIRCHENPROTHOCOL (Fol. 119) als Lokalkaplanei vollständig von ihrer bisherigen Pfarre getrennt.)

Maßgeblich für die Entwicklung des Ortes war die Spiegelfabrik. 1748 war sie aus der Burg in den Ort verlegt worden, in ein neues Haus, das für die Spiegelfabrik erbaut worden war, das spätere Forsthaus. Außerdem war das Gusshaus erweitert und ein zweiter Gussofen errichtet worden (vgl. MADER, 195 bzw. KIRCHL. TOP., 149). Im 18. Jhdt. hatte sich also in dem Industrieort einiges getan.

Um 1800 waren laut MADER (196) bzw. KIRCHL. TOP. (150) 96 Arbeiter gemeldet: 4 Faktoren, 17 Hüttenarbeiter, 25 Glasschleifer, 6 Facettenschleifer, 38 Polierer, 3 Zinnplattierer oder Folioschläger, 3 Glasbeleger. Arbeiter, die direkt mit Quecksilber zu tun hatten, wurden jeden Monat gewechselt.

Ein Bild der Arbeitsstätten und teilweise auch der Arbeit, die verrichtet werden musste, liefert Joseph August Schultes (1773–1831), der Schriftsteller und Naturforscher, aber auch Arzt war. In seinem

Abb. 1: Spiegelfabrik (MADER, 184)

1802 erschienenen Buch „Ausflüge nach dem Schneeberge in Unterösterreich" beschreibt er nicht nur die Anlage und die verwendeten Materialien, er interessiert sich auch für die Arbeiter: „Das Pochen und Sieben der gerösteten Kiesel sowie des Kalkes und der übrigen Materialien erfolgt hier mit freier Hand, ohne Pochwerke. Die Taglöhner, die diese mörderische Arbeit verrichten müssen, stampfen mit verbundenem Mund." (SCHULTES, 22). „Im Schmelzhaus arbeiten täglich 15 Personen für 20 bis 24 Kreuzer Lohn für den Tag. Bei Tag und bei Nacht, in der Hitze des Sommers und in der durch den schnellen Temperaturwechsel noch empfindlicheren Kälte des Winters stehen diese Arbeiter vor den glühenden Glasöfen an einem Feuer, das in der Zyklopenhölle des Ätna nicht wütender geprasselt haben kann. Ein schmaler Schragen ist ihr Lager, auf dem sie dicht am sprühenden Ofen wahrscheinlich besser schlafen als ein Graf im dunklen Pavillon." (SCHULTES, 24). Fahrafeld, schon immer eng mit

Neuhaus verbunden, hatte für Jahrzehnte auch Anteil an der Spiegelfabrik: Hier standen Schleifmühlen. Bei SCHULTES (25) liest man dazu, dass die Tafeln (= Spiegelglas) „einst" nach Fahrafeld geführt und in den Poliermühlen an der Triesting feingeschliffen und poliert wurden. Diese Mühlen wurden allerdings aufgegeben, weil die Tafeln häufig sprangen, auch nicht so eben oder zu dünn wurden. Das Schleifen wurde nun händisch durchgeführt. Dazu hält SCHULTES (25) fest: „Obwohl hier kein Staub zu fürchten ist, greift doch das Hin- und Herschieben der ungeheuren Kisten und die feuchte dumpfige Luft der Schleifräume, deren Fenster nie geöffnet werden dürfen, die Brust der Arbeiter so sehr an, daß es nur wenige hier lange aushalten können. Alle tragen mehr oder weniger die Anwartschaft auf Lungensucht auf der Stirn. Vom Lärm in den Schleifstuben, dem Sausen eines stürmenden Meeres gleich, sind die meisten Arbeiter fast taub." Auch den Folierern sieht er zu und berichtet: „Ein Folierer gewinnt bei dieser mörderischen Arbeit, die ihn in einigen Jahren zum Krüppel macht, 19 Gulden im Monat." (26). Trotzdem darf man nicht übersehen, dass durch die Arbeiten in und für die Fabrik – wie Schlägern von Holz – den Arbeitern bzw. Untertanen ein sicheres Einkommen gegeben war. Fast idyllisch wirkt es, wenn SCHULTES schreibt (22): „Die Männer arbeiten in der Fabrik, und die Weiber besorgen ihre Hütte mit dem kleinen Gärtchen davor."

Die Neuhauser Spiegel waren von hervorragender Qualität, und die Herstellung lockte sogar allerhöchste Besucher an. Von zwei kaiserlichen Besuchen in der Spiegelfabrik erfährt man im „DENKBUCH B" der Pfarre Pottenstein (Fol. 13). Der damalige Pfarrer P. Abdon Michael Vogl hatte erreicht, dass er ein neues Kirchenschiff errichten durfte. Am 4. Juni 1808 reisten Erzherzog Rainer, der Bruder des Kaisers Franz I., Theresia, die Schwester des Kaisers, mit ihrem Gemahl Kronprinz Albert von Sachsen und Erzherzog Ferdinand, Primas von Ungarn, durch Pottenstein, um die Spiegelfabrik in Neuhaus zu besichtigen. Dem Pfarrer gelang es, dass Erzherzog Rainer auf der Rückreise den Grundstein für die neue Kirche legte. Den Schlussziegel, den letzten Ziegel des Gewölbes, schlug sogar der Kaiser selbst, gemeinsam mit der K.K. Hoheit Prinz Franz.

Der Kaiser weilte mit Familie in Baden zur Kur und reiste am 6. Juli 1810 durch Pottenstein nach Neuhaus. Wieder auf der Rückreise vollendete der Kaiser sozusagen das Kirchengewölbe, beobachtet von seinen Kindern, die alle namentlich genannt sind, nämlich Erzherzog Ferdinand Carl, Kronprinz, 17 Jahre alt, Franz Carl, 8 Jahre alt, Maria Clementina, 12 und Carolina Ferdinanda, 9 Jahre alt. Die Herrschaft Neuhaus, Fahrafeld und Arnstein war 1724 Staatsbesitz geworden, das kaiserliche Interesse ist also durchaus verständlich. Es sind ja auch andere kaiserliche Namen mit der Fabrik verbunden: Karl VI., der die Burg für die Spiegelfabrik herrichten ließ und Kaiserin Maria Theresia, die besondere Privilegien gewährte. Zwischen die kaiserlichen Besuche fiel ein ungebetener Besuch. 1809 zogen

Soldaten Napoleons auf ihren Siegesmärschen noch einmal durchs Triestingtal und durch Neuhaus. Schon 1805 waren französische Soldaten nach Neuhaus gekommen und hatten den Ort und die Wolzogengruft in der Kirche geplündert (vgl. MADER, 266).

Die Anlagen der k.k. Spiegelfabrik waren nicht auf ein Gebäude beschränkt, wie man dem Protokoll der Franziszeischen Fassion (um 1818) entnehmen kann. Die Nummern in der Mappe weisen aus: Nr. 4 – Wohn- und Arbeitsgebäude, Nr. 5 – Wohngebäude, Nr. 32 – Folienschlägerei, Nr. 33 – Gusshaus, Nr. 34 – Botaschehütte (= Pottasche), Nr. 35 – Brennhaus, Nr. 36 – Brennhaus, Nr. 37 – Arbeitshaus, Nr. 38, Nr. 39 und Nr. 40 – Magazin. Zu den Nummern 37–40 gibt es keine Konskriptionsnummern, da sie Teile der Spiegelfabrik sind. Was zur Spiegelfabrik gehörte, lag im heutigen Zentrum von Neuhaus.

Wie sehr war Neuhaus in der großen Zeit der Spiegelfabrik gewachsen? Laut SCHACHINGER (Wienerwald, 275) gab es 1591 in Neuhaus 32 Häuser; das war im Vergleich mit anderen Orten gar nicht so wenig. Für Weissenbach werden 15 Häuser angegeben, für Pottenstein 46, für Berndorf 24, für St. Veit 68. 1683 wurden sicher einige Häuser vernichtet, aber auch wieder aufgebaut. Die nächsten Zahlen finden sich bei SCHACHINGER auf S. 385: 1795 – 36 Häuser, 1822 – 44 Häuser.

Aus dem Protokoll des Franziszeischen Katasters (1818) lässt sich ablesen: 35 Häusler, einer davon mit Wirtschafts- und Wohngebäude, einer mit Wohngebäude und Scheune. „Herrschaft" und „Spiegelfabrik" scheinen getrennt auf, wobei zur Herrschaft außer Schloss und Kirche ein Wirtshaus (Nr. 31) und die Nummern 32 bis 36 zählen, unter „Spiegelfabrik" die Nummern 4, 5 und 37 bis 40 aufgelistet werden (s. oben!). Insgesamt ergeben sich 51 Objekte. Wenn man die unter „Spiegelfabrik" aufgelisteten (= Nr. 4, 5, 37, 38, 39, 40) und die Kirche abzieht, kommt man auf die von SCHACHINGER genannte Zahl von 44 Häusern. (Anm.: Die Nummern sind die fortlaufenden „Nummern in der Mappe" zum Katastralplan, nicht die Konskriptionsnummern. Kataster: Amtliches Verzeichnis der Grundstücke). Fast alle Häusler hatten ihre Häuser an den Straßen nach Weissenbach, Schwarzensee und Nöstach. Ein Beispiel ist das Haus Nr. 18, „Häusl hinterm Teucht, an der Straßen, 1 Gartl beim Haus, darf 3 Schafe und 1 Geiß halten, 6tägige Handrobott, darunter auch Botengänge." An diesem Haus an der Nöstacher Straße wurden bei Umbauarbeiten die Jahreszahl 1750 und der Namen des damaligen Besitzers Mathies Koller sichtbar. (Nach Unterlagen des derzeitigen Besitzers Wolfgang Winkler).

Abb. 2: Haus Nr. 18 heute (Foto Brigitte Fischer) Abb. 3: „Unterm Putz" (Foto Wolfgang Winkler)

Laut SLOKAR (Industrie, 534) waren in den Zwanzigerjahren des 19. Jhdts. die Neuhauser Erzeugnisse noch immer berühmt. In dieser Zeit wurde von geblasenen Spiegeln auf gegossene umgestellt, und Neuhaus war lange Zeit die einzige Fabrik des Inlandes, die dieses Verfahren anwendete. Und doch kam allmählich das Aus. Wassermangel für den Schleifereibetrieb und Schwierigkeiten bei der Holzbeschaffung werden als Ursachen genannt, dass 1830 die Fabrik aufgelöst wurde. Das Schmelz- und Schleifwerk wurde nach Schlöglmühl bei Gloggnitz verlegt, das Polier- und Belegwerk kam nach Wien in die Porzellanfabrik. „Schwierigkeiten bei der Holzbeschaffung". Wenn man das liest, fragt man sich, was aus den Wäldern, die zu Neuhaus, Fahrafeld, Arnstein gehörten, geworden war. Bei SCHULTES (22) heißt es zwar, dass das Schmelzhaus jährlich drei- bis viertausend Klafter Holz verbrauche, aber an anderer Stelle meint er, dass man den Wäldern die „Nähe einer holzverschlingenden Spiegelfabrik" nicht ansehe (27). (Anm.: 1 Klafter als Raummaß für Brennholz = 6,82 Kubikmeter in Österreich lt. Lexikon der Maße und Gewichte)

1830 gab es laut SCHACHINGER 45 Häuser und 492 Einwohner. Das war die höchste Einwohnerzahl im 19. Jahrhundert. 1830 – rund ein Drittel des 19. Jahrhunderts ist vorbei und damit auch die Ära Spiegelfabrik.

Die Ära Sina und Wimpffen

1830 ersteigerte Georg Simon Freiherr von Sina zu Hodos und Kizdia für 341.000 Gulden Neuhaus (vgl. MADER, 187). Die Mitteilungen über das Jahr der Versteigerung weichen voneinander ab: MADER (187): 1830 Neuhaus, STRAUSS (Fahrafeld, 374): 1833 Fahrafeld, DENKBUCH A, Fol. 191 (183? unleserlich) den gesamten Besitz für 341.000 Gulden, SCHEIBLE: teilt auf in Neuhaus 1830 und Fahrafeld 1833. An anderer Stelle bei MADER (198) heißt es, dass Georg Freiherr von Sina seit 1833 Besitzer der Güter Neuhaus, Fahrafeld und Arnstein war. Laut KIRCHENPROTHOCOL (Fol. 81) wurde die k.k. Staatsherrschaft Fahrafeld, Neuhaus und Arnstein am 18. März 1833 von Georg von Sina bei der Versteigerung gekauft. Im Protokoll der Franziszeischen Fassion von Fahrafeld werden das Schloss und eine Scheuer, beides Nr. 1, und das Bräuhaus, Nr. 15, als k.k. Staatsherrschaft ausgewiesen.

Daten zur Familie Sina kann man dem ÖSTERREICH-LEXIKON entnehmen: Simon Georg Sina (1753–1822), gebürtiger Grieche, übersiedelte nach Wien, gründete ein Bankhaus, hatte Besitzungen in Ungarn, Böhmen, Mähren, Niederösterreich, … Er war einer der reichsten Männer der Monarchie. Sein Sohn **Georg Simon Freiherr von Sina (1783–1856)** war Bankier und ebenso reich, wenn nicht reicher. Er kaufte Neuhaus… Dessen Sohn Simon Georg (1810–1876) ließ u.a. die Universität in Athen und die griechische Kirche in Wien am Fleischmarkt bauen. Letzterer hatte eine Tochter, nämlich **Anastasia Freiin von Sina zu Hodos und Kizdia (1838–1889)**. (Anm.: Nach Brudnjak, Aussichtswarten, 126f., veranlasste Simon Georg von Sina auch den Bau der Aussichtswarte auf dem Hohen Lindkogel. 1856 beauftragte er den Architekten Theophil Hansen mit dem Entwurf. 1857 wurde die Warte eröffnet.)

Über das Wirken der neuen Besitzer von Neuhaus ist kaum etwas bekannt, d.h., es findet sich fast nichts in den Chroniken von Neuhaus und Fahrafeld. Doch kann man annehmen, dass der Baron Sina die Burg Neuhaus und das Schloss Fahrafeld in Schwung bzw. bewohnbar hielt und auch andere Gebäude in Verwendung standen. So diente das „Wohn- und Arbeitsgebäude" Nr. 4 ab 1830 als Forst- und Verwaltungsgebäude des Grundherrn (vgl. MADER, 226). Laut KIRCHENPROTHOCOL (Fol. 125) der Pfarre Neuhaus bestimmte Sina 1833 den Trakt „rechts von der Kirche" zum Pfarrhof und ließ ihn instandsetzen. Am 15.6.1834 wurden die Grundstücke, auf denen später die „Alten Villen" errichtet wurden, gekauft (ersichtlich aus einem Schreiben des Rechtsanwaltes Dr. Ludwig Achtner an die Damen Rühmann und Hajek). Der Käufer wird in dem Schreiben nicht genannt, doch müsste es Sina gewesen sein. Zur Anzahl der Häuser und der Bewohner findet sich bei SCHACHIN-

GER (385): 1854 noch immer 45 Häuser, aber weniger Bewohner, nämlich 465. 1854 – das ist fast ein Viertel Jahrhundert seit der Schließung der Spiegelfabrik. Einige Arbeiter werden wohl abgewandert sein, einige werden vielleicht im Dienst Sinas gestanden sein, denn Personal wird er doch gebraucht haben. Die Zahlen zu 1854 sagen nichts aus über die Zeit unmittelbar nach 1830. Immerhin gab es im nicht weit entfernten Fahrafeld seit 1820 eine Baumwollspinnerei (Christoph Heinrich Coith). Nach und nach entstanden im Umkreis von Neuhaus-Fahrafeld weitere Industrieanlagen. Manche Arbeiter werden auch dort gebraucht worden sein. Und ein weiter Weg zur Arbeitsstätte war damals nicht un-gewöhnlich. 1856 scheint Freiherr von Sina nochmals im Zusammenhang mit Fahrafeld auf. Er kaufte Mühle und Säge von Johann und Josefa Lenz. 1723 war bei dieser Mühle und Säge eine Polier- und Schleifmühle gewesen (vgl. STRAUSS, 374).

1856 starb Georg Simon Freiherr von Sina. Seine Enkelin Anastasia erbte die Güter von Neuhaus, Fahrafeld und Arnstein.

1860 heiratete sie **Victor Ägidius Reichsgraf von Wimpffen (1834–1897)**, Sohn des k.k. General-Feldzeugmeisters Franz Emil Lorenz Reichsgraf von Wimpffen (1797–1870) und der Ma-ria Anna Cäcilia Freiin von Eskeles (1802–1862). Wann und wie oft das junge Ehepaar in Neuhaus wohnte, ist nicht ersichtlich. Laut STRAUSS (374) verbrachte die Gräfin Anastasia von Wimpffen den Großteil des Jahres mit ihren Kindern – getrennt von ihrem Gemahl – in Fahrafeld. Victor Ägi-dius von Wimpffen hatte zahlreiche Verpflichtungen. 1850 trat er als Seekadett in die österreichische Marine ein, nahm an der Schlacht bei Solferino (1859) und der Seeschlacht von Lissa (1866) teil. Als Korvettenkapitän verließ er die Marine. Er wurde Präsident des Verwaltungsrates der niederösterrei-chischen Südwestbahnen und 1876 als Generalinspektor der österreichischen Staatstelegraphen ins Handelsministerium berufen. Über zwei Jahrzehnte wirkte er als Administrator der ersten k.k. privaten Donaudampfschifffahrtsgesellschaft….. (Vgl. SCHEIBLE, Gräfliche Linie). Zu den Südwestbahnen: Victor von Wimpffen war also auch am Bau der Bahn durchs Triestingtal beteiligt, die 1877 eröffnet wurde. Auf einer Tafel am „Natur- und Kultur-Lehrweg Fahrafelder Becken" wird darauf hingewie-sen, dass er einer der „Konzessionäre" gewesen sei. Mit der „Concessionsurkunde" vom 3. November 1874 wurde den Konzessionären das Recht zum Bau und Betrieb der Strecke St. Pölten–Leobersdorf und einer Flügelbahn Scheibmühl (heute Traisen)–Schrambach verliehen. 1878 übernahm der Staat die gesamte Bahnanlage. (Vgl. HEROLD, 12ff.)

Aus der 1860 geschlossenen Ehe stammten drei Kinder: Hedwig Anastasia Iphigenia (1861–1925), Siegfried Simon Franz (1865–1929) und **Simon Alphons Victor (1867–1925)**.

In der Sina-Zeit und danach wuchs Neuhaus kaum. Seit 1854 kamen zwar drei Häuser dazu, aber die Einwohnerzahl nahm ab. 1869: 48 Häuser und 373 Einwohner, 1880: 48 Häuser und 331 Einwohner, 1890: 48 Häuser und 339 Einwohner (vgl. SCHACHINGER, 385).

Seit 1871 gab es eine Schule in Fahrafeld. Im Gründungsvertrag wird die Gräfin Anastasia von Wimpffen genannt, aber durch Adolf Rosthorn vertreten. Diese Schule war als „Fabriks- und Gemeinschaftsschule" von der Berndorfer Metallwarenfabrik (sie hatte eine Schleiferei in Fahrafeld) und der Gemeinde errichtet worden. Von Anfang an wurde eine Schulchronik geführt. Darin wird die Gräfin wiederholt als Wohltäterin erwähnt, und das auch in Zusammenhang mit Neuhaus. Zu besonderen Anlässen gab es Spenden an die Schulkinder, so zum Beispiel zu Weihnachten 1887: Alle Kinder erhielten Nüsse, Äpfel, je einen Striezel, viele bekamen Spielsachen, 12 Knaben und 12 Mädchen erhielten „vollständige Winteranzüge und Beschuhung", 12 Kinder aus Neuhaus wurden ebenfalls mit Winterkleidung und Schuhen beschenkt.

1888 ließ Anastasia von Wimpffen die Kapelle in Fahrafeld durch den Architekten Max von Ferstel umgestalten. Am 21. Oktober 1888 wurde sie durch Dechant Carl Pflieger eingeweiht. Nach der Weihe wurden die Schulkinder und alle Ortsarmen „mit einem guten Mittagmahle bedacht. Die hohe Geistlichkeit wurden zur Tafel im hiesigen Schlosse, die Sänger und Sängerinnen, welche das Hochamt feierlich executiert hatten, im ‚Hotel Neuhaus' zur Tafel geladen." (Anm.: Interessant ist, dass hier die Bezeichnung „Hotel Neuhaus" gebraucht wird. Nach MADER gab es zu dieser Zeit das „Hotel Neuhaus" noch nicht.) Am 2. Dezember 1888 wurde in der Kapelle ein Festgottesdienst anlässlich der 40-jährigen Regierung des Kaisers Franz Joseph gefeiert, an dem auch der Bürgermeister von Neuhaus teilnahm. 200 Fl. (= Gulden) wurden an die Ortsarmen von Fahrafeld und Neuhaus (je 100 Fl.) verteilt. Am 24. Februar 1889 starb Anastasia Reichsgräfin von Wimpffen, nur 51 Jahre alt. Mit einem „Separat-Zug" wurde sie nach Weissenbach und von da in die Fahrafelder Kapelle überführt. Am 28. Februar wurde sie auf dem Ortsfriedhof von Pottenstein provisorisch beigesetzt. Am 23. Oktober 1889 wurde sie in dem inzwischen in der Fahrafelder Kapelle erbauten Mausoleum bestattet. Nach einem feierlichen Requiem ließ Simon Graf Wimpffen 200 Fl. an die Ortsarmen verteilen. (Vgl. SCHULCHRONIK Fahrafeld).

Nach dem Tod seiner Mutter entfaltete Simon Graf Wimpffen eine rege Bautätigkeit. Man kann annehmen, dass er auch Geld geerbt hatte, aber vor allem durch seine Besitzungen in Ungarn hatte er die finanzielle Möglichkeit dazu. Durch ihn wurde aus dem kleinen Industrieort Neuhaus ein bedeutender Kurort.

Bereits 1886 hatte er den im Zentrum von Neuhaus liegenden Gutshof gekauft, das war vermutlich der einstige Meierhof der Wolzogen, um 1820 als „Arbeitshaus" der Spiegelfabrik bezeichnet. Er ließ das Gebäude in ein „Herrenhaus" umbauen, d.h., er ließ es aufstocken. Das müsste noch 1886 gewesen sein, denn ein Wetterfähnchen trug diese Jahreszahl. Die oberen Räume bewohnte fallweise er selbst, in den unteren Räumen wurde ein Gastbetrieb eingerichtet – das **„Hotel Neuhaus"** entstand. Nach einer Aufstellung von Ing. Josef Müller wurde 1887 im Untergeschoß eine Gaststätte eröffnet. Pächter wurde der Gastwirt Lechner, der in Neuhaus ein Gasthaus besaß. Wie schon erwähnt, scheint in der Schulchronik von Fahrafeld 1888 die Bezeichnung „Hotel Neuhaus" auf.

Abb. 4: Hotel Neuhaus (Sammlung Müller)

MADER (204) schreibt dazu: „Dieses Hotel wurde zum bekanntesten Gastbetrieb unserer Umgebung. Aus nah und fern kamen Sonntags- und Wochenendausflügler nach Neuhaus, um hier gut und billig essen und trinken zu können und sich gut zu unterhalten. Vor und im Hotel spielten Zigeuner auf. Fiaker – sieben bis neun Fahrzeuge, davon zwei Stellwagen – brachten die Gäste vom Bahnhof Weissenbach-Neuhaus nach Neuhaus."

Gut essen, gut trinken und Zigeunermusik! Nun kamen die ungarischen Beziehungen des Grafen zum Tragen. Ungarische Weine wurden serviert, ungarische Schweine und Rinder wurden in der eigenen Fleischerei geschlachtet. Diese Fleischerei befand sich in Fahrafeld, ein langgezogener ebenerdiger Bau entlang der B 18 neben der heutigen „Polytechnik". Zuletzt befand sich die Tischlerei Miedl darin.

Klar erkannte Simon Graf Wimpffen, woran es mangelte. 1893–1896 ließ er eine **Wasser-leitung** anlegen. Im Maigraben (Kienberg) wurden rechts und links von der Straße insgesamt drei Sammelbehälter errichtet, von denen das Wasser zu den Hotels und zu den „Alten Villen" floss. 1900 entstanden ein Hochbehälter am Karnerfeld und ein Pumpwerk im Tal, von dem das Wasser der „Wimpffenleitung" in den Hochbehälter gepumpt wurde. Durch den damit erreichten Falldruck konnten auch höher gelegene Häuser mit Wasser versorgt werden. Vor dieser Wasserleitung lieferten einzelne Quellen und Hausbrunnen das benötigte Wasser. 1929 wurde die Burg durch eine Zulei-tung vom Hochbehälter an die Wimpffenleitung angeschlossen. Vorher hatte eine Holzrohrleitung zur Burg geführt. (Vgl. MADER, 260f.).

Abb. 5: Holzrohr (Sammlung Trumler)

Abb. 6: Pumpenhaus zur Wasserleitung Wimpffen (Sammlung Trumler)

Am 20. Oktober 1895 wurde auf dem Peilstein die „Josef-Leitner-Warte" des NÖ-Gebirgsverei-nes, Ortsgruppe Baden, eröffnet. Das gesamte Holz stellte Graf Wimpffen zur Verfügung. Vielleicht spielte das Vorbild der oben erwähnten „Sina-Warte" des Großvaters eine Rolle. Auf alle Fälle diente die Warte dem Vergnügen der Hotelgäste.

Die nächsten Projekte des Grafen Simon richteten sich sichtlich auf Attraktionen für seine Gäste. 1895–96 ließ er durch den Teichgräber Dahlen aus Wien den versumpften und verwachsenen **Teich** neu anlegen. Er wird durch drei Quellen aus der angrenzenden sumpfigen Wiese gespeist und hat eine

Tiefe von 0,80 bis 1,90 Metern. Nicht ganz in der Mitte liegt eine mit Bäumen bestandene Insel, die „Schwaneninsel". Der Teich diente der Zucht von Karpfen, Schleien und Teichforellen, aber auch dem Vergnügen. Den Gästen wurden Kahnfahrten geboten, majestätisch zogen Schwäne ihre Bahn und glänzende Teichfeste mit Feuerwerk begeisterten das Publikum.

Ein **Park** mit Skulpturen und Promenadewegen entstand. Dazu schreibt Elisabeth Koller-Glück in ihrem Artikel „Erbe aus einer anderen Zeit": „Man holte Gärtner aus Wien, um jenen prachtvollen Park anzulegen, mit seinen Pavillons, Löwen aus Zinn und tanzenden Feen, die ein exquisites Publikum erfreuten." Von den Figuren ist nichts mehr vorhanden; noch während des Krieges holten sie Buntmetallsammler.

Abb. 7: Park mit Skulpturen (Sammlung Trumler)

Auf gleicher Höhe wie der Teich bot ein **Bad** Erfrischung. Für den Aushub des Bades wurde ebenfalls der Teichgräber Dahlen eingesetzt. Boden und Wände wurden betoniert, das Becken erhielt ein Ausmaß von 15 mal 10 Metern und eine Tiefe von 1,40 bis 2,20 Metern. Innerhalb des Beckens gab es ein Kinderbad mit einer Fläche von 5 mal 5 Metern und einer Tiefe von 0,75 Metern. Gespeist wurde das Bad durch das warme Oberflächenwasser des Teiches, das durch eine Siebrohrleitung in das Becken floss. Zwei Meter hohe Holzwände umgaben das Freibad, um die Badegäste vor lästigen neugierigen Blicken zu schützen. (Vgl. MADER, 263f.).

Abb. 8: Bad in Neuhaus
(Sammlung Mader)

Abb. 9: Bad in Neuhaus
(Sammlung Pechhacker)

Um seinen Gästen Unterkunft bieten zu können, ließ der Graf 1895–97 das **Hotel Stefanie** erbauen, das am 1. Juni 1897 eröffnet wurde. Auch zu diesem Hotel entstand ein **Park**. (Anm.: Hotelaufschrift ursprünglich „Stephanie", später „Stefanie". In der vorliegenden Arbeit durchwegs „Stefanie".)

Abb. 10: Hotel Stephanie (Sammlung Josef Gober)

Abb. 11: Hotel Neuhaus und Hotel Stefanie (Sammlung Trumler)

Zur gleichen Zeit ließ er Villen errichten, die später als **„Alte Villen"** bezeichnet wurden. Am Hang des Weinberges entstand diese erste Villenkolonie, die aus 25 Häusern bestand. In manchen Villen gab es 2 und mehr Wohnungen.

Haus-Nr.	Name	Haus-Nr.	Name
29	Anastasia	60	Eötvös haz
30	Siegfried	61	Liszt
49	Franziska	62	Petöfi haz
50	Eljena haza Lützow	63	Guttenberg
51	Viktoria	64	Deak haz
52	Iphigenia	65	Waldvilla
53	Italia	66	Hedwig
54	Dorothea	67	Peilstein
55	Germania	68	Weimar
56	Hermann	72	Georg
57	Hungaria	73	Palatin haz
58	Melusine	74	Hamzsabeg haz
59	Austria		

Damit stieg die Anzahl der Häuser in Neuhaus schlagartig an. In einem zum Kirchturmkreuz gehörigen Dokument aus dem Jahr 1899 heißt es: „Neuhaus besitzt gegenwärtig 74 Häuser mit 341 Einwohnern, 22 Villen, 2 Hotels gräflich." (MADER, 171). 1900 gab es laut SCHACHINGER (385) 75 Häuser und 351 Einwohner. WOERL hat seinem „Führer durch Neuhaus" einen Situationsplan beigefügt.

Die Villen waren zu mieten, eine strenge „Haus-Ordnung" war zu befolgen. Sie war so abgefasst, dass keinerlei Schaden für den Besitzer Simon von Wimpffen entstehen konnte. Im Reiseführer ist sie abgedruckt. Einige der 13 Punkte werden hier wörtlich übernommen (WOERL, 17): „1. Die Mietobjekte, sowie alle dazu gehörigen Bestandteile sind in gutem Zustande zu erhalten und dürfen nicht mehr abgenützt werden, als es eine gewöhnliche, ordnungsmässige Benützung mit sich bringt und haftet die P.T. Partei stets für jeden Schaden. 2. Durch Verschulden der Mietpartei zerbrochene Fensterscheiben sind unverzüglich auf Kosten der Partei durch neue ersetzen zu lassen. Werden sonstige Gegenstände

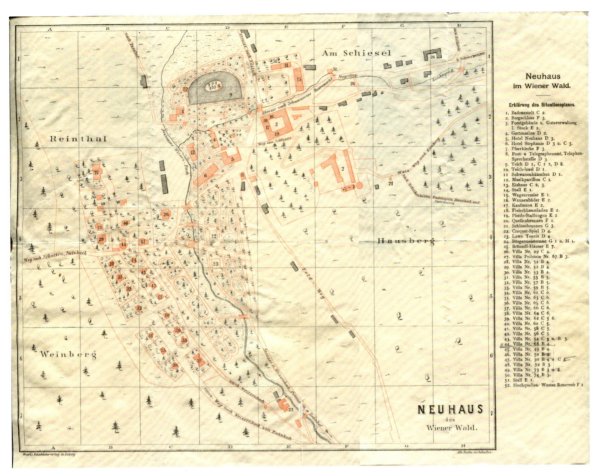

Abb. 12: Situationsplan nach WOERL

(Möbel, Matratzen, Waschtisch-Service etc. etc.) ungewöhnlich beschädigt oder gebrochen, so müssen diese entweder sogleich, längstens aber vor Rückgabe der Mietobjekte in vollkommen guten und benützbaren Stand gesetzt werden. 5. Die Aborte müssen rein gehalten und darf in dieselben kein Kehricht, Fetzen, Federn, Knochen, Asche oder dergleichen geworfen werden. Wenn der Ablauf verstopft wird, so obliegt den Parteien die Bezahlung der Reparatur. Vorkommende Gebrechen von Aborten oder andere Baugebrechen sind sogleich der Gutsverwaltung anzuzeigen. 8. Mist, Knochen und sonstige Abfälle müssen in die hierfür eigens beigestellten Trüherln deponiert werden. Die Abholung des Mistes wird allwöchentlich zweimal (Dienstag und Freitag) mittelst eines Wagens von Seite der Gutsverwaltung bewerkstelligt werden. Das Auswerfen und Deponieren des Mistes und sonstiger Abfälle am Waldesrand oder im Walde selbst, sowie in Hausgärten, ist auf das nachdrücklichste untersagt. 12. Mit der Aufrechthaltung dieser Haus-Ordnung ist der Zimmerwärter beauftragt."

Auch für die „Hotel-Wohnungen" gab es eine „Haus-Ordnung". Manches ist gleich, aber neue Punkte kommen hinzu. Ein paar seien herausgegriffen (WOERL, 18): „4. Jede lärmende Hantierung, das Ausklopfen, Ausstauben von Kleidungsstücken in den Gängen und im Stiegenhause ist verboten. […] Fahrräder dürfen auf den Gängen nicht aufbewahrt oder geputzt werden. Der Portier hat im

Abb. 13: Alte Villen (Sammlung Trumler)

Souterrain des Gebäudes für die Räder einen geeigneten Platz anzuweisen. 5. Auf den Stiegen und Gängen darf kein Lärm gemacht werden und werden die P.T. Parteien ersucht, Kinder daselbst nicht ohne Aufsicht zu lassen. 7. Hunde dürfen in den Zimmern nicht gehalten werden."

„Neue" Berufe scheinen hier auf, Zimmerwärter, Mistabholer, Portier. Aber Wimpffen brauchte sicher auch noch andere Mitarbeiter wie Kutscher, Hausknechte, Straßenkehrer, Gärtner, diverse Handwerker….. Auch Frauen und Mädchen konnten sich „ihr Brot verdienen" und kamen vermutlich aus der Bevölkerung: Köchinnen, Stubenmädchen, Wäscherinnen, Büglerinnen usw. Immerhin listet WOERL auf Seite 15 auf: „Wohnungen. A. In den gräflich Wimpffen'schen Logierhäusern: Hotel Neuhaus I Stock 13 Fremdenzimmer, Hotel Stephanie 53 Fremdenzimmer, Forstgebäude 12 Fremdenzimmer. […] B. Gräflich Simon Wimpffen'sche Villen-Anlage." Der Graf wurde zum zweiten großen Arbeitgeber nach der Spiegelfabrik.

Die Villenbewohner waren Selbstversorger. Also musste es möglich sein, Lebensmittel in Neuhaus zu kaufen. In WOERL'S Führer (15) aus dem Jahr 1899 findet sich dazu, dass es einen Kaufmann gab, der Spezerei- und Konsumwaren und einen Mehl- und Brotverkauf führte. Im Fleischerladen gab es vorzügliches Fleisch, Milch kam aus der herrschaftlichen Meierei in Fahrafeld, für Gemüse war bestens gesorgt und im Sommer war täglich zweimal frisches Gebäck erhältlich. Laut MADER (215) wurde im Forsthaus die Fleischbank eingerichtet, die Großschlächterei blieb in Fahrafeld. Das wiederholt erwähnte **Forsthaus**: Im Parterre befanden sich im Westtrakt die Fleischerei, in diesem Raum von 1938 bis 1945 das Postamt, eine Gemischtwarenhandlung, eine Tabaktrafik und Wohnungen, im ersten Stock das Forst- und Rentamt, Wohnungen, die Wohnung und die Ordination des Leibarztes des Grafen Wimpffen, das Gemeindeamt. Außerdem gab es eine Zimmerei, in der alle Arbeiten für den gräflichen Besitz erledigt wurden. (Vgl. MADER, 226, 222, 229). Wie erwähnt, befanden sich laut WOERL um 1900 Fremdenzimmer in dem Haus.

Wichtig waren ein eigenes Postamt und eine Frisierstube. 1896 kaufte Wimpffen den Pferdestall des ehemaligen Gasthauses Lechner. Er wurde abgetragen, an seinem Platz entstanden das **k.u.k. Post- und Telegraphenamt** (das erste Lokal für die Post) und die Frisierstube.

Im selben Jahr ließ Simon Graf Wimpffen in Fahrafeld ein **Wasserkraftwerk** errichten. Zunächst lieferte es nur Strom für das Schloss in Fahrafeld, 1897 auch für das „Herrenhaus" in Neuhaus. 1900 wurde der Strom auch in die alten Villen geleitet.

Schon 1897 erfreuten **drei Parkanlagen, Springbrunnen und zwei Musikpavillons** die Gäste. In den Musikpavillons und in den Hotels wurde vor allem Unterhaltungsmusik geboten. Laut WOERL (15) dienten der Unterhaltung auch „**Lawn-Tennis** und **Croquet-Spielplätze** im Parke" sowie **Kahnfahrten** auf dem Teich.

Für kurze Zeit gab es einen „Eisteich" in Neuhaus. Der Eiskeller befand sich an der Neuen Straße gegenüber dem Café d'Orange. Um die Jahrhundertwende wurde der Eisteich aufgelassen, das Eis für die Gastbetriebe kam nun vom Teich, der auch als **Eislaufplatz** genützt wurde.

Auch für den **Kirchturm** geschah etwas: 1891 stiftete Gräfin Karoline von Wimpffen, die Gattin des Grafen Simon, die Turmuhr. Graf Simon ließ 1899 durch den „Votivkirchen Thurmbesteiger,

Abb. 14: Kahnfahrt auf dem Teich (Sammlung Josef Gober)

Thurmbauer und Spängler Hubert Frankl aus Wien" den Turm mit Blech eindecken und das Kreuz und den Knauf vergolden. Das kostete ihn 800 Gulden. (Vgl. MADER, 215 und 171). (Anm.: 1945 wurden von dem Ehepaar Mader am Karnerfeld zwei Urkunden gefunden, die sich auf die Errichtung des Turmkreuzes im Jahr 1899 beziehen. Siehe MADER, 171f..)

Für einige Zeit dürfte es in Neuhaus etwas ruhiger zugegangen sein. Der baufreudige Graf Wimpffen verwirklichte andere Pläne. In der SCHULCHRONIK von Fahrafeld notierte der damalige Lehrer Ernst Illchmann unter der Überschrift „Restaurierung und Umbau des Altschlosses Fahrafeld" interessante Fakten: „Herr Simon Reichsgraf Wimpffen ließ 1.9.1905 mit der fast gänzlichen Demolierung des Altschlosses Fahrafeld beginnen. Es verblieben nur mehr die Grundmauern im Erdgeschosse und die Deckengewölbe. Nach den Plänen des O.B.R. v. Freimuth wird das Schloß in modernem Stile neu konstruiert. […] Das erste Stockwerk hat 23 Zimmer, jedes ist in einem anderen Style gehalten, so finden wir einen Empirestyl (Kaiser Napoleon), Renaissance, das Marien-Theresienzimmer im Barockstyle der damaligen Zeit. […] Nun ist es nicht mehr als das alte, bescheidene Schloß, ganz dicht umrankt mit wildem Wein! Es ruft aber lebhaft Erinnerungen zurück an die alte, historisch merkwüdige Zeit. Innig verknüpft ist das Geschick und die Geschichte dieses Schlosses mit der von Neuhaus-Arnstein. Dem Auge sind die alten, denkwürdigen Wappen des runden Torbogens am Schlosse verschleiert, sie sind vermauert worden für immer." Das waren die Wappen der Wolzogen und Dietrichstein, wie man sie auch in der Neuhauser Kirche findet. Lehrer Illchmann hat sie mit der Jahreszahl 1595 gezeichnet und so überliefert. Für die „Bedachung" des neuen Schlosses wurde Eternitschiefer verwendet. Es gibt zwar keinen Hinweis, woher der stammte, aber in Weissenbach gab es seit 1907 an der Stelle der Mühle des Carl Mitterer eine Asbestzement-Schieferfabrik, die Firmitwerke, die Dachschieferplatten herstellte (vgl. HEIMATBUCH Weissenbach, 79).

Abb. 15: Zeichnung des Altschlosses von Ernst Illchmann (Schulchronik Fahrafeld)

Abb. 16: Schloss Wimpffen in Fahrafeld um 1930 (Sammlung Mader)

Zurück nach Neuhaus. Seit 1900 ist Neuhaus etwas gewachsen. Für 1910 meldet SCHACHINGER (385) 80 Häuser und 334 Einwohner. Doch um 1910 setzte ein neuer Bauboom ein. Die Hotels und die Villen zogen so viele Gäste an, dass Wimpffen ein weiteres Hotel brauchte. Und für dieses Hotel erwarb er einen Baugrund, indem er das Gasthaus Lechner und benachbarte Bauernhäuser kaufte, die er abtragen ließ. Das Gasthaus Lechner wurde ein Teil des Kaffeehauses. Die Frisierstube kam in ein neues Häuschen, Nr. 88, heute Nöstacher Straße Nr. 2, erbaut 1911. Nach einigen Pächtern übernahm am 19. September 1930 Ernst Reischer aus Neuhaus das Lokal, kaufte im Februar 1933 das Haus und baute gemeinsam mit seiner Frau den Dachraum zu einer Wohnung aus. Erst 1976 sperrte der Friseur seine Wirkungsstätte zu. Die Post wurde in die Villa Weinberg (an der Weissenbacher Straße) verlegt.

Auf der so entstandenen Fläche wurde 1911 von Baumeister Krones aus Wien der Bau des **„Hotel d'Orange"** begonnen, 1913 war er fertig. In einer Werbeschrift (um oder nach 1914) heißt

Abb. 17: Friseurhäuschen vor dem Ausbau (Sammlung Trumler)

Abb. 18: Friseurhäuschen heute

es, dass dieses Hotel dem verwöhntesten Geschmack Rechnung trage. Dazu wird angeführt, was geboten wird:

„Das Ameublement ist vornehm, Ventilation mit Zeus-Vorrichtung, Staubreinigung mit Vacuum cleaner, die Beleuchtung ist vorzüglich, die Waschtische mit Warm- und Kaltwasserzuleitung montiert. An Stelle der lästigen Läutesignale für die Dienerschaft, sind zur vollständigen Ruhe und Bequemlichkeit für die Bewohner des Hauses elektrische Lichtsignale im ganzen Hause eingeleitet, so

Abb. 19: Villa Weinberg an der Weissenbacher Straße (Foto Brigitte Fischer)

daß der Verkehr nach außen lautlos vor sich geht, wobei auch noch jedes Zimmer durch gepolsterte Doppeltüren geschützt ist.

Im Hotel selbst befindet sich das Telephon mit interurbanem Verkehr. Die Eintritts-Hall des Hotels ist luxuriös eingerichtet. Zur Beförderung der Bewohner in die höher gelegenen Etagen, steht dem Publikum ein elektrisch betriebener Lift zur Verfügung. Jedes Zimmer des Mezzanins, ferner jene in den drei Stockwerken, besitzen ihre eigenen Balkons, so daß ein ungestörtes Verweilen auf denselben jedem Bewohner ermöglicht ist. In den drei Stockwerken befinden sich vollkommen separierte Appartements, bestehend aus zwei großen und einem kleinen Zimmer, nebst einem speziell für die Bewohner des Appartements berechneten Badezimmer und Klosett.

Überdies ist in jedem Stockwerk ein eigenes Badezimmer, welches von den Bewohnern der Einzelräume benützt werden kann. Im Parterre sind die Zimmer im Niveau des umgebenden Erdreiches so situiert, daß Rekonvaleszente oder Schonungsbedürftige, ohne auch nur eine Stufe steigen zu müssen, im Wagen bis zum Portale des Hotels vorfahren können, um ebenen Weges in ihre Zimmer zu gelangen. In diesen Zimmern ist auch in einer angebauten Nische eine an die Wasseranlage angeschlossene Badewanne untergebracht, auf welche Weise diese Bewohner ihr Bad in ihrem Wohnraum nehmen können. Aus der Eintritts-Hall des Hotels führt ein teppichbelegter, geschlossener Korridor in den einstöckigen Annex, der die mit vornehmen Geschmack ausgestatteten Gesellschafts- und Speiseräume, insbesondere die prächtige Konversations-Hall enthält. Von letzterer öffnen sich rechter Hand die Lese- und Musiksalons, während links eine kleine Freitreppe, ebenso wie aus der Mitte des Verbindungsganges, in den reizenden, schattigen Garten führt, wo bei günstiger Witterung die Mahlzeiten eingenommen werden können. Sollte das Wetter dies nicht erlauben, dann führt eine kunstgeschnitzte Stiege aus der Hall in das erste Stockwerk zu den in vornehmer Intimität gehaltenen Speisesälen, welche in weiterer Folge eine Verbindung mit den Kaffeesalons besitzen, woselbst auch geraucht werden kann. Hier stehen auch die Billards und Spieltische den Bewohnern des Hotels zur Verfügung. Abermals eine Holzstiege führt dann in das im Parterre befindliche, der allgemeinen Benützung zugängliche Kaffeehaus." (WERBESCHRIFT, 6ff.)

Abb. 20: Kurhotel d'Orange (Sammlung Josef Gober)

Ein Kurhotel, in dem der Gast alles vorfand, um sich wohlzufühlen und zu erholen. Aber es fehlte noch etwas: eine Heilanstalt. Auch die ließ Simon Graf Wimpffen errichten, und zwar hinter dem Hotel Stefanie, ebenfalls in den Jahren 1911–1913 (vgl. MADER, 215). In der schon genannten Werbeschrift findet sich dazu: „Das Kurhotel Stefanie in außerordentlich geschützter Lage ist ebenfalls für größte Bequemlichkeit eingerichtet. Die Eck- und Mittelzimmer haben ebenfalls eigene Balkons. Im Parterre befinden sich die Gesellschaftsräume. Einige Schritte entfernt liegt der von herrlichen Kastanien- und Lindenbäumen beschattete Restaurationsgarten mit einem mit apartem Luxus ausgestatteten Speisesaal, welcher den denkbar effektvollsten Eindruck macht. Parallel zu letzterem ist die **Wasserheilanstalt** situiert.

In demselben Gebäude sind auch die Kabinen für Reinigungsbäder untergebracht und jedermann zugänglich. [...] Die Kuranstalt ist mit dem Kurhotel Stefanie durch einen geschlossenen, heizbaren Gang mit Halle [...] verbunden, so daß der Kurgebrauch selbst bei schlechtestem Wetter keine Unterbrechung erleidet." (WERBESCHRIFT, 9).

Genießen konnte man unter ständiger spezialärztlicher Aufsicht „alle Arten von Bädern, wie Voll- und Halbbäder, ferner Kohlensäure-, Sauerstoff-, Fichtennadel-, Soole- und Salzbäder, wie auch Heißluft-, Dampf-, elektr. und Medizinalbäder." (WERBESCHRIFT, 10). Die elektrischen Bäder werden eigens aufgelistet, und dann werden unter anderem noch „Sonnen- und Luftbäder in für Herren und

Damen eingerichteten Anlagen, mit Kaltwasserduschen" angeboten. Damit sind die so genannten **„Lufthütten"** gemeint, die 1911–1912 errichtet wurden. Auch sie werden in der WERBESCHRIFT (11) beschrieben: „Oberhalb der westlichen Villenkolonie befinden sich die neuerbauten Lufthütten, und zwar 20 Einzelhütten und 6 Doppelhütten. An deren Zimmern, welche 1,50 Meter hoch mit Kork isoliert auf das Eleganteste eingerichtet sind, wird ein jeder verwöhnte Gast Freude empfinden. Bei

Abb. 21: Lufthütten (Sammlung Müller)

Abb. 22: Lufthütten (Sammlung Müller)

diesen sind vollkommen getrennte Luftbäder für Herren und Damen mit einer Bretterwand lückenlos umzäunt, und zwar ein Stück schattiger Wald und sonnige Wiese." Später dürften diese kleinen Holzhäuser als Unterkunft für Wochenendgäste verwendet worden sein (vgl. MADER, 215).

1911–1912 wurden außerdem die „Neuen Villen" am Abhang des Burgberges errichtet. Auch sie erhielten klangvolle Namen:

Haus-Nr.	Name	Haus-Nr.	Name
34	Castella	83	Mon repos
35	Magda	84	Lacroma
36	Adria	85	Bajadere
37	Sofie	86	Violetta
38	Malta	87	Excelsior
39	Coletta	76	Aurora

Abb. 23: Neue Villen (Sammlung Hartner)

„Diese Villen sind als Familienhäuser gedacht und ermöglichen die Führung einer vollständigen Wirtschaft. Unter diesen befinden sich 2 Villen nach Art von Landschlößchen, gebaut je mit 11 Wohnräumen und entsprechenden Nebenräumlichkeiten, auf das Eleganteste möbliert, mit eigenen Badezimmern, an der Berglehne vollkommen geschützt gelegen; [...]. Die Villen besitzen eigene Gärten und sind reichlich und solid möbliert." (WERBESCHRIFT, 13).

Abb. 24: Bahnhofhotel (Sammlung Trumler)

Um diese Zeit nahm der Zustrom der Gäste noch zu, und der Graf sah sich veranlasst, ein weiteres Hotel zu errichten. An der Kreuzung zu Weissenbach entstand das **„Touristenhotel zur Station Weissenbach-Neuhaus"**, genannt „Bahnhofhotel", mit 45 Zimmern. Im Juli 1913 wurde es eröffnet. Mit diesem Hotel sollte auch für weniger bemittelte Ausflügler und Kurgäste gesorgt sein. Pensions- und Badegäste, die die Heilanstalt in Anspruch nahmen, wurden mit Fiakern nach Neuhaus und zurück gebracht.

Abb. 25: Rollschuhhalle (Sammlung Stadlmann)

Für seine Kutschen und ersten Autos ließ der Graf **10 Garagen** und für seine Pferde einen **Pferdestall** zwischen Schwarzenseer und Nöstacher Straße errichten. Das war 1913. In Fahrafeld betreute er ein eigenes Gestüt und legte eine Rennbahn an. Sicher waren Neuhauser Gäste auch dort zu Besuch. Auch andere Unterhaltungen wurden geboten: 1912 entstand eine **Kegelbahn** hinter dem Hotel Neuhaus und 1913 wurde zu diesem Hotel der **Glassalon**, ein großer Saal für Festlichkeiten, errichtet. Für Sportliche wurde 1913–1914 die **Rollschuhhalle** gebaut und zwei **Tennisplätze** wurden angelegt. (Vgl. MADER, 215).

1889 bis 1914: 25 Jahre Bau und Aufbau, gepflegte Landschaft, gehobenes Lebensgefühl, genügend Arbeitsplätze und gutes Auskommen für die einheimische Bevölkerung.

Und dann kam der Krieg, der **Erste Weltkrieg**, danach das Ende der Monarchie und die Neuordnung Österreichs. Graf Wimpffen rückte nach Kriegsbeginn zum Militär ein, kam aber bald als Husarenhauptmann zurück. Auch andere rückten ein, nicht alle kehrten heim. Am Kriegerdenkmal, das 1928 von der Gemeinde errichtet wurde, werden die Opfer des Weltkrieges 1914–1918 genannt, acht an der Zahl, darunter Lt. Graf Wimpffen Simon, geb. 1897, gef. 1918 in Italien, der Neffe des Grafen Simon von Wimpffen, den er ursprünglich zu seinem Nachfolger bestimmt hatte.

Erstaunlich ist, dass Wimpffen noch während des Krieges und danach an Neuhaus ar-

Abb. 26: Glassalon 1917–1986 (Sammlung Mader)

beitete. So wurde 1916 eine **Rodelbahn** vom Peilstein nach Neuhaus angelegt. 1917 brannte der Glassalon, ein Holzbau, ab. An den Aufräumungsarbeiten nahm der Graf selbst teil. Westlich davon wurde ein neuer Glassalon als Ziegelbau aufgeführt, nur mehr bis 1918 genützt und dann stillgelegt (vgl. MADER, 221).

1920–21 wurde trotz der schlechten Zeit **elektrischer Strom** für die Neuhauser Bevölkerung eingeleitet. 1921 erfolgte die elektrische Straßenbeleuchtung durch die Gemeinde, der Strom kam aus dem gräflichen E-Werk in Fahrafeld (vgl. MADER, 215). Nicht durch Wimpffen ins Leben gerufen, aber sehr wichtig: 1927 wurde die **Freiwillige Feuerwehr** gegründet.

Abb. 27: Gründungsfoto der Freiwilligen Feuerwehr Neuhaus im Wienerwald (Sammlung Josef Gober)

Der Krieg war nicht spurlos an Neuhaus vorbeigegangen. Das fröhliche Leben im Hotel Neuhaus wurde empfindlich eingeschränkt. Wimpffens Besitzungen in Ungarn waren verloren gegangen, Hunger und Not wurden auch hier spürbar. 1922 bis 1924 wurde das Hotel Neuhaus zugesperrt, dann wieder geöffnet, doch fanden sich kaum Gäste. Im September 1938 wurde der Gastbetrieb wieder geschlossen.

Abb. 28: Josef Steinböck's Hotel Restauration Neuhaus, 1929 (Sammlung Trumler)

Um Weihnachten 1939 übernahm der Pächter Josef Breitschopf das Hotel und führte es bis zum 31. Mai 1959 als einfaches Gasthaus. (Vgl. MADER, 204).

Dem Hotel Stefanie erging es nicht besser. Der Bäderbetrieb wurde vorübergehend und 1919 ganz eingestellt, das Hotel bis 1945 gesperrt (vgl. MADER, 206).

Das Hotel d'Orange stellte der Graf als Offiziers-Reservespital zur Verfügung, ebenso die großen Villen Castella und Adria.

Nach Kriegsende stand das Hotel fast ständig leer. 1919 und 1920 wurde der Hotelbetrieb dem Verband der Wiener Angestellten vermietet, im Kaffeehaus wurde eine Bar eingerichtet und 1920 wieder gesperrt (vgl. MADER, 211f.). Doch am 1. Mai 1926 wurde das Café d'Orange wieder eröffnet. An Sonn- und Feiertagen und ab Juli täglich wurde zum 5-Uhr-Tee mit Tanz geladen und der Ort vom Betreiber Otto Mong als „angenehmer und beliebter Treffpunkt der vornehmen Welt" bezeichnet. Villen, die leer standen, wurden im Herbst 1920 mit einem Zehnjahresvertrag an den Industriellen Arthur Krupp in Berndorf für Beamte verpachtet.

Die Rollschuhhalle, erst vor Kriegsbeginn fertiggestellt, wurde nun kaum genutzt, vielleicht nur von den Pächtern der Villen, bald aber stand sie leer.

Abb. 29: Gruppenbild. 1. Reihe oben: Graf Wimpffen, auf die Brüstung aufgestützt (Sammlung Trumler)

Bis 1920 hatte sich die Häuserzahl noch erhöht; es gab jetzt 89 Häuser und 430 Einwohner. 1923 waren es nur noch 85 Häuser und 428 Einwohner (vgl. SCHACHINGER, 385).

1918 war Simon Graf Wimpffen nach Wien übersiedelt, wo er, der schwer krank war, 1925 starb. Er wurde im Hietzinger Friedhof beigesetzt. Die Trauer um ihn dürfte sich für manche in Grenzen gehalten haben. Es gibt zahlreiche Geschichten über seine Launen oder sein Verhalten. Allzu oft trieb er mit einfachen Menschen üble Scherze und weidete sich an ihrer Angst oder ihrem Schrecken. Meist entschädigte er sie dann großzügig, aber die ausgestandene seelische Qual konnte er nicht bezahlen.

Eine der bekanntesten Geschichten hat folgenden Inhalt: Der Graf überholt einen Siebmacher – nach anderer Version einen Geschirrhändler – der mühsam seinen Karren zieht. Er lädt ihn ein, den Karren an seine Kutsche zu hängen und neben ihm auf dem Bock Platz zu nehmen. Kaum sitzt der Mann neben ihm, schlägt der Graf auf die Pferde ein und im Galopp geht es dahin, dass Karren und Waren zu Bruch gehen. Den jammernden Mann fragt er, was der „Krempel" koste und entschädigt ihn reichlich.

Eine gewisse Großzügigkeit und Hilfsbereitschaft konnte er sich leicht leisten. Er beschenkte wie schon seine Mutter zu Weihnachten die Kinder von Neuhaus und Fahrafeld. Nachdem der Glassalon errichtet worden war, stand dort ein großer Christbaum für die Kinder. Berichtet wird auch, dass er seine Waldarbeiter Wege und Straßen richten ließ, wenn keine Waldarbeit anfiel. So wurden diese Leute nicht arbeitslos.

Der Erbe des Grafen Simon war Georg von Wimpffen, Sohn seines Bruders Siegfried. Für ihn war die Erbschaftssteuer zu hoch, er konnte den Besitz nicht halten. Nach verschiedenen Zeitungsberichten, darunter „Neues Wiener Abendblatt" vom 30. Oktober 1930, musste er den Ausgleich anmelden. In dem Bericht heißt es u.a.: „Der Ausgleich ist für die Betriebe ‚Georg Graf Wimpffensche Hotelunternehmungen in Neuhaus' und ‚Georg Graf Wimpffensche Großschlächterei, Selcherei und Wurstfabrik' angemeldet." Dieser Ausgleich wurde abgewiesen. MADER (188) meint, dass Georg Wimpffen „im Wirtschaften nicht glücklich" gewesen sei. Doch war die Zeit nach dem 1. Weltkrieg alles andere als günstig. Es folgte die Inflation und schließlich die Weltwirtschaftskrise, die durch den New Yorker Börsencrash im Oktober 1929 ausgelöst wurde. 1932–1934 erfolgte der Verkauf aller Villen. Zu dieser Zeit war den alten Villen noch eine „aus dem Patronatsrechte in Ansehung der Pfarre und Kirche zu Neuhaus entspringende Verbindlichkeit als Reallast einverleibt. Inhaltlich umfasst diese Reallast vor allem die Verpflichtung zur laufenden Instandhaltung der Kirchen- und Pfarrgebäude, zur Versorgung der Pfarre mit dem nötigen Brennmaterial und zur Beistellung einer Pfarrwohnung und sonst etwa erforderlichen Räumlichkeiten." (Schreiben des Rechtsanwaltes Dr. Ludwig Achtner vom 24. April 1937.) Nach Festsetzung eines Ablösungsbetrages und seiner Entrichtung wurde die Belastung durch das erzbischöfliche Ordinariat gelöscht.

Der Hotelbetrieb d'Orange lief aber weiter. Bei Hilde Spiel (1911–1990) findet sich eine interessante Verbindung von Villen und Hotel. In ihrem autobiographischen Werk „Die hellen und die finsteren Zeiten", Erinnerungen 1911–1946, sind beide Anlagen zu finden: „Am ersten Sonntag im Januar (Anm.: 1936) fahre ich mit meinen Eltern und ihrem Freund Dr. Tafler, Rechtsanwalt der Creditanstalt, in dessen Wagen zu einem anderen ‚Couleurbruder', der eine kleine Villa in Neuhaus im hügeligen

Triestingtal besitzt. Abends kommt in den reizend rustikalen Wohnraum der Familie Markus ein Architekt mit seiner Frau. Ich bin vom Schlag gerührt, denn Willi K. gleicht dem passionierten Peiniger meines Vorjahrs wie ein Ei dem andern [...]. Auch er scheint von einem coup de foudre getroffen zu sein, der sich freilich erst nach Monaten in einem Sturm entlädt. Vorerst sehen wir einander nicht wieder." (Spiel, 129). Hilde Spiel nennt als Besitzer der Villa eine Familie Markus. Nach MADER (217) wurde von Dr. Arthur und Barbara Markus die Villa Siegfried gekauft. Doch weiter mit den Erinnerungen der Hilde Spiel: „Zu Ostern fuhr ich mit den Eltern wieder nach Neuhaus. Und hier entspann sich, was durch den coup de foudre zu Anfang des Jahres ausgelöst worden war. An den ersten Tagen fiel Regen. Die Luft auf dem kleinen Hügel war weniger scharf als in Tirol, aber ebenso rein. Den Osterschinken aß man noch in der geheizten Stube, doch als die Sonne herauskam, ging man in den Wald. Willi, der Architekt, war ländlich mit bunt gestickter Weste bekleidet. Im Gang des komfortablen Curhotels d'Orange, unter den noch tropfenden Frühlingsbäumen, kamen wir einander nah." (Spiel, 133).

1938, nach dem Einmarsch der deutschen Truppen, sah es auch in Neuhaus etwas anders aus. 1939 diente das Hotel als Kaserne für Kradschützen (= Kraft-Rad-Schützen) des deutschen Militärs, denen Gebirgsjäger und andere Einheiten folgten. Auch im Hotel Stefanie wurden deutsche Soldaten einquartiert. Im Park vor dem Hotel wurden Munitionskästen aufgestellt, die 1945 vor dem Abzug der deutschen Soldaten gesprengt wurden. Georg Wimpffen verlor einen Großteil seiner Besitzungen in Österreich, 1941 kamen seine Besitzungen in Neuhaus an den Deutschen Reichsforst. (Vgl. MADER, 212, 204, 206). Die Burg wurde an den Deutschen Reichsforst verkauft (Mitteilung Arno von Wimpffen).

Die Zeit brachte einige Veränderungen mit sich. Was im schon erwähnten Forsthaus untergebracht war, fand spätestens mit dem Brand des Gebäudes im Jahr 1945 ein Ende. Die Arztpraxis Dr. Geza Lanyi, die seit 1896 bestand, gab es ab 1940 nicht mehr. 1898 bis 1932 befand sich in dem Haus die Gemischtwarenhandlung Weninger-Hirzer. Auf sie folgte von 1932–1934 Ludmilla Gaupmann, die 1933/34 ein Kaufhaus errichtete. Durch ihre Ehe mit dem Verkäufer Konrad Karner wurde es zum Kaufhaus Karner. Durch Beschuss brannte das Dach 1945 ab, wurde aber wieder errichtet. Bis 1973 wurde das Geschäft von der Familie Karner geführt, dann aus Altersgründen an die Konsumgenossenschaft Niederösterreich-Süd bzw. Wienerwald verpachtet.

Die Post, die 1923 aus der Weinbergvilla in die Villa Aurora verlegt worden war, kam 1938 in das Forsthaus in den Raum der ehemaligen Fleischbank. Nach dem Brand am Ende des Krieges musste die Post nochmals übersiedeln und zwar in zwei Räume des Hotels Stefanie, in die Badgasse. Dort wurde sie am 30. Oktober 2001 geschlossen. Im Forsthaus befand sich schon vor dem Ersten Weltkrieg eine

Abb. 30: Trafik am Hauptplatz (Sammlung Mader)

Tabaktrafik. Auch sie wurde nach dem Brand in das Hotel Stefanie verlegt. 1953 kam sie in einen Kiosk, Nöstacher Str. 1. Im Sommer 1992 wurde sie geschlossen und um 2000 wurde das Häuschen abgetragen.

Die ohnehin nicht mehr genützte Rollschuhhalle wurde 1938 zur „Sängerhalle" für Feste der Sänger aus dem Triestingtal. Ab 1939 wurde die Halle von den deutschen Heinkelwerken als Produktions- und Versuchsstätte für ihre Flugzeugmodelle genutzt, 1942 zog eine Versuchsabteilung der Luftwaffe der deutschen Wehrmacht ein. Für die Apparate musste ein eigener Trafo aufgestellt werden.

1920 hatte Karl Laaber aus St. Veit im Haus Nr. 27 (= Weinbergstr. 2) eine Milchtrinkhalle eröffnet, die 1925 zur Jausenstation und 1935 zu einem Gasthaus erweitert wurde. 1970 übernahm seine Enkelin mit ihrem Gatten Herbert Muchsel den Betrieb, der 1974 geschlossen wurde. Schon vor den 20er Jahren arbeitete der Schlosser Johann Aringer in der Schwarzenseer Straße 81, ab 1923 in der Nöstacher Straße Nr. 18 bis gegen Ende der 50er Jahre. Auch Schneiderinnen betrieben ihr Handwerk. Von 1900 bis 1920 war es die Schneidermeisterin Marie Mader in der Schwarzenseer Straße, 1925 bis 1960 die Meisterin Olga Mong, die zuletzt in der ehemaligen Wasserheilanstalt ihre Werkstatt hatte. Noch in der Wimpffen-Zeit gab es zwei Schuhmachermeister, Johann Prendinger bis 1924 in der Schwarzenseer Straße und Johann Reischer, 1895–1940 in der Dietrichsteingasse. Ihm folgte von 1940–1965 Felix Reischer. Bis 1942 war in der Burg der Schuster Rudolf Steichinger tätig. Er starb 1943. Der Flickschuster Rudolf Leitner, der in der Villa Hermann wohnte, beendete 1959 seine Tätigkeit. Vermutlich für Wimpffen arbeitete von 1890 bis 1935 der Jäger Heinrich Würländer, der gelernter Tierpräparator war. 1931–1944 gab es die Tankstelle Hena (heute Nöstacher Straße 6) und 1932–1943 die Taxiunternehmung Scheder.

An der Straße nach Weissenbach war links das letzte Haus von Neuhaus eine Mühle, die so genannte „Kleine Mühle", eine Handelsmühle, die seit dem 18. Jhdt. durch den Nöstachbach, von dem eine Rinne über die Straße zur Mühle führte, betrieben wurde. Ab 1871 besaß sie Carl Mitterer, dem auch die große Mühle am Talausgang gehörte. Laut KIRCHENPROTHOCOL, Fol. 39, ersteigerte Simon Wimpffen die „Kleine Mühle" und Grundstücke in Neuhaus.

Lange Jahre gab es ein Geschäft in der Schwarzenseer Straße 11 (früher 14). 1907 richtete der Bäckermeister Richard Leithner aus Fahrafeld in dem Haus eine Viktualienhandlung ein. In den 20er Jahren, als Villen an Krupp verpachtet waren, mietete die Berndorfer Konsumanstalt das Geschäft und verkaufte Waren der Firma Meinl. 1925 pachtete die Firma Meinl das Lokal, für das 1945 das Ende kam. Ein paar Häuser weiter gab es ein Gasthaus (heute Nr. 19), dessen interessante Vorgeschichte mit Simon Graf Wimpffen zu tun hat. Es ist eines der Häuser, die durch die Türken zerstört worden waren und wieder errichtet wurden. Als der Graf mit seinem Aufbau von Neuhaus begann, wollte Johann Mitterer, der Pächter dieses Hauses, im Ortszentrum ein Eigenheim mit einer Gastwirtschaft bauen. Das passte nicht in die Pläne des Grafen. Das Ergebnis von Verhandlungen war: Er schenkte Herrn Mitterer einen großen Acker und das gepachtete Haus mit einer Wirtshauskonzession. 1895 wurde der Betrieb in dem Gasthaus aufgenommen. 1917 übergab Mitterer seiner Tochter Aloisia die gesamte Wirtschaft, die sie gemeinsam mit Ferdinand Gritsch bis 1952 betrieb. Auf Aloisia folgte ihr Enkelsohn Johann Gober, der mit seiner Frau Cäcilia den Teil des Hauses, in dem sich die Gaststube befand, aufstockte und eine automatische Kegelbahn errichtete. Sie ist jetzt noch zu erkennen. 1984 schloss das Ehepaar aus Altersgründen das Gasthaus. Das reicht zwar über die Wimpffen-Ära hinaus, aber es gibt noch eine Verbindung: Aus der Wimpffenschenkung sind noch Wirtshausmöbel erhalten. Laut Mitteilung von DI Franz Gober, dem Sohn der letzten Wirtsleute, kam ein Tisch in die Burg Neuhaus. (Betriebe, Namen, Jahreszahlen nach MADER, 226ff. und 232f.).

1925 entstand das Bauunternehmen Müller, das von Ferdinand Müller bis 1952 geführt wurde. Auf ihn folgten die Gebrüder Müller, die zu Beginn der 1960er Jahre nach Weissenbach übersiedelten (Mitteilung Ing. Josef Müller). Der Frächter Michael Sokolik gründete 1937 seinen Betrieb. Das Transportunternehmen, Nöstacher Straße 4, wurde von seinem Sohn Horst Michael Sokolik weitergeführt, der es mit seiner Pensionierung 1996 schloss (Mitteilung Horst Michael Sokolik).

Nicht alles in Neuhaus hat mit Wimpffen zu tun, auch wenn es zum Teil in die Ära Sina-Wimpffen, also 1830 bis 1945 (und kurz darüber hinaus) fällt. Dazu gehört die **Volksschule**, die 202 Jahre lang bestand. Wie schon erwähnt, wurde 1769 durch Kaiserin Maria Theresia eine einklassige allgemeine öffentliche Volksschule gegründet. Eingeschult waren die Kinder von Neuhaus, Kienberg, Gadenweith, Betsteighof, Weissenbach, Edla, Schatzen und Fahrafeld. Der Unterrichtsraum befand sich im 1. Stock des Vorburgtraktes der Burg. Bereits 1778 wurde die Schule wegen der großen Kinderzahl

Abb. 31: Burg Neuhaus von Ernst Illchmann (Schulchronik Fahrafeld)

zweiklassig geführt. Rund 100 Jahre später, 1860, wurde in Weissenbach eine Schule gebaut, die zunächst eine Filialschule von Neuhaus war. 1865 erfolgte die Ausschulung der Weissenbacher Schulkinder von Neuhaus. 1871 wurde die Fahrafelder Schule eröffnet. Neuhaus verlor auch die Fahrafelder Schulkinder und wurde wieder einklassig. Aus der langen Liste der Lehrer, die hier unterrichteten, seien drei herausgegriffen: die Herren Illchmann, Rossrucker und Mader. Ab 4. Oktober 1881 war Ernst Illchmann als Lehrer und Schulleiter tätig. Er bezog jährlich 600 Gulden Gehalt. Für die Benützung des Gemüsegartens gegenüber dem Friedhof wurden ihm 63 Kreuzer abgezogen. (Vgl. MADER, 239f.).

Am 28. Februar 1887 wurde er zum Oberlehrer in Fahrafeld ernannt (vgl. SCHULCHRONIK Fahrafeld). Illchmann war künstlerisch begabt. Einige seiner Zeichnungen wie eine Teilansicht der Burg Neuhaus blieben erhalten.

Äußerst verdienstvoll war der Lehrer Richard Rossrucker, 1929 bis 1945. Er fertigte selbst zahlreiche Lehrmittel an und erhielt auch welche von der Gemeinde. 1931 richtete er im nahen Wald eine Waldschule ein, in der er die Kinder mitten in der Natur unterrichtete. Über diese Schule wurden 1936 von der „RAVAG" (= Radio-Verkehrs-AG) Hörberichte gebracht, und die „Selenophongesellschaft" drehte einen Film, der in der Österreichischen Wochenschau gezeigt wurde. In zahlreichen Zeitungen wurde über die Waldschule berichtet und der gesundheitliche Wert für die Kinder hervorgehoben. Im März 1945 musste Rossrucker einrücken. Er kam nach Krumau. Dann wurde seine Einheit nach Linz verlegt, wo er 24 Stunden vor Kriegsende schwer verwun-

Abb. 32: Waldschule (Sammlung Pechhacker)

det wurde. Im Herbst 1945 kehrte er in die Heimat zurück, aber da war von seiner Schule nichts mehr vorhanden. (Vgl. WALDSCHULE).

1945 und danach

Pfarrer Hermann Salmhofer leitete die Pfarre Neuhaus vom 14. September 1941 bis 31. August 1946 und erlebte hier das Kriegsende. Er beantwortete einen Fragebogen zur Geschichte des Krieges in unserer Heimat.

Die Antworten, die sich auf die Kämpfe und die Zerstörungen in Neuhaus beziehen, seien hier wiedergegeben: „Am 23. April um ½ 6 Uhr abends sind die Russen bei uns eingezogen. Sie kamen aus der Richtung Raisenmarkt-Schwarzensee. Vom 10.–23. April verlief die Front mit wechselnden geringen Abweichungen von Alland-Nöstach-Schwarzensee über Neuhaus nach Fahrafeld-Pottenstein a.d. Tr. Vom 14.–18.4. wurden drei Häuser in Brand geschossen und vier ganz zerschossen.

Die Burg stand in größter Gefahr durch den Brand eines benachbarten Hauses und am 7.4. durch die Sprengung eines großen Munitionslagers zwischen den Hotels. Wir räumten bereits die Kirche und ich konsumierte das Allerheiligste. Am 21.4. wurde die Burg in Brand geschossen. Am 23.4., der schrecklichste Tag der ganzen Kampfzeit, wurden um ca. 4 Uhr nachm. 9 Wohnhäuser im Ort Neuhaus, darunter das große Forsthaus, 19 Sommerwohnungen („Lufthütten") und um ½ 5 Uhr die gesamte Burg mit Phosphorgranaten in Brand geschossen durch schweren Beschuss von beiden Seiten. Die Russen setzten die Stalinorgel und die Deutschen Nebelwerfer ein. […] Somit wurden in Neuhaus insgesamt 36 Objekte durch Brand oder Beschuss zerstört. Andere Wohnhäuser wurden durch Beschuss schwer oder leicht beschädigt. Die Schule in Neuhaus ist vollständig abgebrannt, die Kirche abgebrannt und im Innern zur Hälfte ausgebrannt." (Anm.: Am Osttrakt der Haupt-

Abb. 33: Die zerstörte Burg (Sammlung Müller)

Abb. 34: Kriegerdenkmal (Sammlung Josef Gober)

burg, dem Pfarrhof, in dem sich das Pfarramt und die Wohnung des Seelsorgers befanden, brannte das Dach. Der Vorburgtrakt der Burg wurde gänzlich zerstört und somit die Schule, die Wohnung des Lehrers, die Wohnungen der Förster (zwei Oberförster, ein Revierförster) und die Wohnungen von weiteren Familien (vgl. MADER, 189).)

Salmhofer weiter: „Bereits während des Kampfes wurden die Geschäfte von der SS erbrochen und ausgeplündert, auch die Zivilbevölkerung nahm sich daraus Lebensmittel. Nach der Eroberung durch die Russen wurde von diesen sehr stark geplündert. Jedes Haus wurde durchsucht nach Lebensmitteln, Vieh, Wäsche und Kleidern, besonders nach Uhren und Fahrrädern. Einrichtungsgegenstände wurden demoliert oder verschleppt. Unsere Bevölkerung hat dadurch den Großteil an Hab und Gut eingebüßt. Bei den Kämpfen kamen 7 Personen aus Neuhaus ums Leben, hauptsächlich durch Granattreffer und Splitter."

Die im Krieg Gefallenen und durch den Krieg Verstorbenen nennt eine weitere Tafel am Kriegerdenkmal, 23 sind es, dazu kommen drei Vermisste.

Nun waren also die Russen da. Sofort nach der Besetzung wurde hier die russische Zeit eingeführt. 1946 ging das Deutsche Eigentum an die Besatzungsmacht, die USIA, über. (Anm.: USIA, nach den Anfangsbuchstaben der russischen Bezeichnung für „Verwaltung des sowjet. Vermögens in Österreich")

An die neue Zeit gewöhnte man sich, auch an die Anwesenheit von Russen. Aber es gab auch anderes wie die nun leerstehenden Hotels. Aus dem Hotel d'Orange, das an den Schmalseiten je einen Granatvolltreffer erhalten hatte und durch dessen zerstörtes Dach Regenwasser bis in die untersten Stockwerke drang, holten sich Bewohner von Neuhaus alles, was sich zum Wiederaufbau ihrer zerstörten oder beschädigten Häuser verwenden ließ.

Abb. 35–38:
Burgmodell 1: Wachturm (oben links)
Burgmodell 2: Habespach und Inprucker (oben rechts)
Burgmodell 3: Wolzogen und Türkensturm (unten links)
Burgmodell 4: Kaiser Karl VI. (unten rechts)
(alle Fotos Brigitte Fischer)

Auch das Hotel Stefanie wies Kriegsschäden auf, doch war es noch bewohnbar. Hier fanden obdachlos gewordene Familien eine Unterkunft. Außer Post und Tabaktrafik (s. oben) wurde die Gemeindekanzlei hier untergebracht, ebenso eine Polizeistation mit neun Zivilpolizisten. Große Schäden hatte das Hotel Neuhaus davongetragen. Sie wurden notdürftig behoben und im größten Zimmer im ersten Stock wurde im Herbst 1945 eine Schulklasse eingerichtet, ein zweites Klassenzimmer dann im April 1948. (Vgl. MADER, 212, 206, 204).

Es gab keine Lehrmittel, aus der alten Schule stammten nur fünfsitzige Schulbänke, die im Burgkeller den Schutzsuchenden als Sitzgelegenheit gedient hatten und so beim Brand nicht zerstört worden waren. Auch die Schulchronik war verbrannt; zum Glück hatte der Lehrer Bernhard Mader schon vor 1945 einiges daraus abgeschrieben und so bewahrt. Nach einigen provisorischen Lehrern wurde ab 29. September 1947 Bernhard Mader aus Neuhaus Lehrer an dieser Schule. Wie schon Rossrucker war auch er intensiv tätig und stellte selbst Lehrmittel her, darunter Burgmodelle, Landkarten aus Packpapier, Tafeln mit präparierten Holzarten aus dem Raum Neuhaus, Schaukästen mit präparierten Insekten, eine Mineraliensammlung, Zusammenstellungen für den Rechen- und Deutschunterricht…..

1950 wurde Mader definitiver Oberlehrer, 1953 erhielt er den Amtstitel „Volksschuldirektor". 1950 wurde die Villa Kastello (sic!) gekauft und zu einer Schule umgebaut. Im September 1954 konnte die neue Schule nach feierlicher Eröffnung bezogen werden. Sie wurde **„Dr.-Karl-Renner-Schule"** benannt. (Vgl. MADER, 240ff.).

Es gab nicht nur eine provisorische Schule, sondern auch eine provisorische Kirche und einen provisorischen Pfarrhof. Am 20. Mai 1945 fand die erste religiöse Andacht nach Kriegsende statt und zwar in einem ebenerdigen Raum im Pfarrhoftrakt der Burg. Da dieser Teil kein Dach hatte, drang bei Regenwetter Wasser in diesen Raum. Daher wurde im ehemaligen Kaffeehaus, das leer stand, ein Raum als Notkirche eingerichtet. Am Aufbau der Kirche wurde aber eifrigst gearbeitet, und am 24. November 1946 konnte Kardinal Dr. Theodor Innitzer die **Kircheneinweihung** vornehmen. Der Pfarrhof war erst Ende 1950 eingedeckt und konnte nun wieder bewohnt werden. (Vgl. MADER, 170, 172).

1951: 700-Jahr-Feier der Burg. Sie begann am 18. August mit einem Fackelzug auf die Burg und einem Festspiel auf der Burg. Es folgte der Abmarsch zum Teich und ein Schlussmarsch. Am 19. August gab es um 6 Uhr einen Weckruf vom Burghof, um 9 Uhr eine Feldmesse im Burghof, dann ein Parkkonzert. Am Nachmittag fand ein Festzug „700 Jahre Neuhaus" statt, in dem auch die Schulkinder

Abb. 39 und 40: 700 Jahre Neuhaus (Sammlung Braun)

mit vielen Gruppen aus der Märchenwelt vertreten waren. Die Feierlichkeiten endeten mit einem Feuerwerk am Teich. Eine kleine Festschrift mit einem historischen Abriss zur Geschichte von Neuhaus, verfasst vom Pfarrer Prof. Josef Wellert, machte den Neuhausern bewusst, auf welch geschichtsträchtigem Boden sie lebten. Die Burg war zum Teil noch Ruine, als die Festspiele stattfanden.

Am 15. Mai 1955 wurde Österreich durch den Staatsvertrag wieder frei, die Russen verließen auch Neuhaus. Der „USIA-Besitz" ging an die Österreichischen Bundesforste, die nun Patronatsherren waren.

Während ihrer „Herrschaft" erhielt die Kirche 1963 zwei neue Glocken, gegossen in der Firma Pfundner in Wien. Schon vor dem Ersten Weltkrieg läuteten drei Glocken zur Messe oder zum Gebet. Sie mussten zur Erzeugung von Kriegsmaterial abgeliefert werden. Am 28. September 1924 wurden drei neue Glocken geweiht, Glockenpatin war die Gattin des Grafen Georg Wimpffen. Im

Abb. 41: Schulkinder stellen Märchen dar (Sammlung Müller)

Abb. 42: Glockenweihe (Sammlung Josef Gober)

2. Weltkrieg mussten die zwei großen Glocken abgeliefert werden, wieder für Kriegsmaterial. Die kleinste Glocke blieb über den Krieg hinaus erhalten. Als der Kirchturm 1945 zerschossen wurde, stürzte sie in den Schutthaufen und blieb ganz. Am 10. November 1963 fand die feierliche **Glockenweihe** statt, ein Festtag für den ganzen Ort. Pfarrprovisor Prof. Josef Wellert weihte die Glocken, zwei Damen übernahmen die Rolle der Glockenpatin, Frau Cäcilia Gober, Gastwirtin in Neuhaus, und Frau Anna Lechner, Gattin des Sandgrubenbesitzers in Kienberg. (Vgl. MADER, 176).

Die Anschaffung der neuen Glocken regte dazu an, auch die **Orgel** überholen zu lassen. Sie war 1891 von Johann Marcell Kauffmann erbaut worden und hatte 1503 fl. gekostet. Zwei Drittel des Betrages stammten von einer Frau Josefine Dorner, die 1000 fl. ö. Goldrente gespendet hatte. Die Orgelweihe fand am 21. Juni 1891 statt. 1964 wurde der Orgelbaumeister Herbert Huber aus Eisenstadt beauftragt, die Orgel zu reparieren. 1972 reinigte und stimmte er sie nochmals. 2003 wurde die Orgel einer genauen Prüfung unterzogen. In der „Zusammenfassung" zur Überprüfung heißt es, dass das Instrument zu den Standardwerken der Firma Kauffmann zähle, wie sie für kleine Kirchen mehrfach gebaut worden seien. Es sei ein Klangdenkmal und erhaltenswert, müsse aber dringend überholt werden. (Vgl. SCHÜTZ, Prüfbericht). Das geschah im Zuge der bald darauf folgenden Kirchenrenovierung.

Ab 1. September 1965 wirkte Pfarrprovisor Herbert Berger in Neuhaus. Unter ihm wurde das Gotteshaus renoviert, zunächst das Kircheninnere vom Fußboden bis zur Decke. Am 8. Juli 1972 wurde die Kirche neu gesegnet. 1978 folgte die Außenrenovierung, 1979 wurde das Dach des Turmes mit Kupferblech neu eingedeckt. 1983 wurde auch die Sakristei erneuert. (Vgl. MADER, 173f.). Bis 1981 blieben die Kirche und die Hauptburg mit dem Pfarrhof im Besitz der Österreichischen Bundesforste. Danach gehörten Kirche und Pfarrhof endlich der Pfarre Neuhaus.

1945 hätte niemand gedacht, dass die Burg wieder erstehen würde. Als Erinnerung an das einstige Aussehen ließ die Familie Müllauer an ihrem Haus Schwarzenseer Straße Nr. 11 von Anton Stängl aus Nöstach ein Sgraffito gestalten. Die Jahreszahl 1945 sollte auf die Zerstörung der Burg hinweisen. Rund drei Jahrzehnte blieb der Vorburgtrakt der Burg Ruine. Die Natur begann sie zurückzuerobern, Himbeersträucher wucherten zur Freude der Neuhauser Beerensammler. Dann kam eine Änderung. 1965 wurde die Burg geteilt. Den Vorburgtrakt mit dem Burghof und einem angrenzenden Waldstück kauften die Herren Brandstätter und Riepl. Es folgten weitere Besitzer, schließlich die Familie Huemer. Sie ersteigerte 1977 die Burgruine um 660.000 S und ließ sie ab 1978 in der alten Form aufbauen. 1982 erfolgte in einer Feierstunde die Eröffnung des wieder erstandenen Wahrzeichens von Neuhaus. (Vgl. MADER, 188f.).

Einige Betriebe (siehe oben) überstanden das Jahr 1945. Doch schon knapp nach Kriegsende begannen einige Neuhauser die **Wirtschaft** des Ortes in Schwung zu bringen. So errichtete Otto Weiser im Herbst 1945 im rechten unteren Teil des Hotels Neuhaus eine Gemischtwarenhandlung. 1948 übernahm die Konsumgenossenschaft Wienerwald das Lokal, übersiedelte aber 1973 in das Kaufhaus Karner. In einem kleinen Raum links hinten im Hotel Neuhaus eröffnete Theresia Sohn aus Neuhaus. 1946 ein Lebensmittelgeschäft. 1963 übernahm es Johann Binder und führte es bis 1967. 1947 gründete Ing. Alfred Hofer in der Rollschuhhalle eine Kunststoff-Gussfabrik, „Pantoplast" genannt. Nach dem Tod Hofers im Jahr 1978 führte seine Frau den Betrieb weiter. Am 19. März 1985 stürzte ein Teil des Daches durch eine zu große Schneelast ein. Der Betrieb erlitt nur einen geringen Schaden, wurde nach kurzer Zeit wieder aufgenommen, doch laut Erich Bettel, der bis zum letzten Tag hier arbeitete, am 19. Dezember 1986 geschlossen. Entwickelt wurden in dem Werk u.a. Schneeteller aus Kunststoff für Schistöcke und Stoppel an „Gipsfüßen" zum Höhenausgleich. Beides wird im Heimatmuseum Weissenbach dokumentiert. Auf dem Areal befand sich danach einige Zeit der Bauhof; 2011 wurden die letzten Reste der Rollschuhhalle abgerissen (Mitteilung Bauamt Weissenbach).

Schon 1952 hatten Ferdinand und Margarete Horvath das Kaffeehaus des Hotels d'Orange für die Erzeugung von Devotionalien/Spritzgussgegenständen erworben. 1970 kaufte die Firma Horvath das Hotel Neuhaus und den Glassalon.

Abb. 43: Die eingestürzte Rollschuhhalle (Sammlung Mader)

Nun wurden beide Anlagen zur Herstellung bzw. zur Präsentation von Stilmöbeln genutzt. Jahrelang prangte am Kaffeehaus die entsprechende Aufschrift zur Stilmöbel-Erzeugung. In einem Prospekt „Antiquitäten von Morgen" wird darauf hingewiesen, dass jedes Stück einzeln in Handarbeit, jede Verzierung aus dem vollen Holz gefertigt werde und die Möbelstoffe dem jeweiligen Stil angepasst würden. Für einzelne Garnituren gab es die „Prämie 1970 des Bundesministeriums für Handel, Gewerbe und Industrie für die Entwicklung". 1977 übernahm der Mitaktionär Ziesa die Gebäude und den Betrieb, der 1977 eingestellt wurde. (Vgl. MADER, 206, 224, 227, PROSPEKT Stilmöbel-Erzeugung).

1953 erwarb der Fleischermeister Fritz Ratkofsky aus Fahrafeld das Gebäude der Kuranstalt hinter dem Hotel Stefanie und richtete eine Filiale ein. Sie war jeweils am Mittwoch und am Samstag am Vormittag geöffnet. Von 1976 bis April 1978 wurde die Filiale von seinem Enkelsohn Josef Ungerböck geführt, dann wurde das Geschäft geschlossen (Mitteilung von Josef Ungerböck).

1957 kaufte Albert Freundlich aus Weissenbach die Villa „Adria" an der Neuen Straße Nr. 36, in die er seine Papiergroßhandlung aus Weissenbach übertrug. Der Unternehmer starb 1971. Sein Sohn und dessen Gattin schlossen den Betrieb am 31. Dezember 1972 (vgl. MADER, 229). Der schon erwähnte Pächter der Gastwirtschaft im Hotel Neuhaus, Josef Breitschopf, beendete 1959 seine Tätigkeit. Für kurze Zeit wurde der Gasthausbetrieb von Maria Franziska Wimpffen, Tochter des Georg Wimpffen, weitergeführt, dann von ihrer Schwester Marianne, die aber das Gasthaus 1966 für immer schloss. 1959 errichtete Franz Blühberger an der Weissenbacher Straße eine Malerwerkstätte, aus der 1973 eine Autolackiererei wurde. 1977 musste er seine Werkstatt aus gesundheitlichen Gründen schließen (vgl. MADER, 228). 1960–1986 werkte der konzessionierte Elektriker Hubert Gruber in Neuhaus, und der Tischler Wolfgang Patsch mietete 1967–1970 den Glassalon für seine Möbelerzeugung. Alle diese Betriebe waren relativ kurzlebig. Sie konnten auch kaum Arbeitsplätze bieten. Die Neuhauser mussten sich außerhalb des Ortes eine Arbeit suchen. In einer Übersicht über die Betriebe (MADER, 232) erfährt man ihre Gründungszeiten: Bis in die Gegenwart haben sich demnach nur zwei Firmen gehalten. Karl Perner begann 1968 mit einer Spenglerei; daraus wurde die Firma Ernst Perner, das Dach aus Meisterhand, nämlich Dachdeckerei, Spenglerei, Schwarzdecker, Trapezprofilverlegung, nun in der Schwarzenseer Straße 16. Das Kaffeehaus „Neuhauser Stüberl" des Walter Perner entstand 1985 und wurde dann von seinem Bruder Ernst, bzw. dessen Gattin Renate geführt. Von ihr kaufte es Thomas Enzelberger, der Lebensgefährte der jetzigen Besitzerin. Er starb 2010. Snezana Damnjanovic baute das Lokal, das jahrelang auch die einzige Greißlerei in Neuhaus gewesen war, um. Auch einen neuen Namen erhielt es: „TimeOut". Gleich geblieben ist seit der Gründung nur der Ort. (Mitteilung Snezana Damnjanovic)

Abb. 44–46 (von oben):
Café und Restaurant
Hotel Neuhaus mit Aufschrift „Stilmöbel-Erzeugung"
(Sammlung Mader)
Stilmöbelerzeugung bei Firma Horvath (Foto Rita Braun)

Abb. 47: Erzeugung von Spritzgussgegenständen bei
der Firma Horvath (Sammlung Trumler)

Das Haus daneben hat indirekt mit dem Aufschwung nach 1945 zu tun. Hier stand einst das so genannte „Neugebäude", das 1750 für die Arbeiter der Spiegelfabrik errichtet worden war. Nach dem Ende der Spiegelfabrik soll es als Altersheim gedient haben. Dann wurde es zu einem Wohnhaus, das 1945 zerstört wurde. 1964 kaufte der Sandgrubenbesitzer Andreas Brandstätter die Ruine und errichtete ein zweistöckiges Wohnhaus mit 12 Wohnungen für seine Arbeiter. (Vgl. MADER, 217).

Was geschah mit den Hotels aus der Blütezeit von Neuhaus, die den Krieg nicht ohne Schäden überstanden hatten und noch immer der Familie Wimpffen gehörten? Zunächst das älteste Bauwerk dieser Art, das „Hotel Neuhaus". 1956, als noch der Pächter Josef Breitschopf die Gastwirtschaft führte, kamen durch den Ungarnaufstand viele Flüchtlinge auch nach Neuhaus. Im ersten Stock des Hauses wurden 10 Flüchtlingsfamilien untergebracht. Ein ebenerdiger Saal wurde für Kurse genutzt, wie von der Fahrschule Roth aus Baden. Auch Tanzunterricht fand hier statt. Ab 1970 besaß die Firma Horvath das Hotel und den Glassalon (siehe oben!), 1982 kaufte die Familie Starlinger-Huemer das Gebäude, wohl in der Absicht, es zu restaurieren. Jahrelang stand das Haus als Ruine da, gestützt und mit einem Schutznetz umgeben. Dann wurden die Helme der Türme in der zum Hotel gehörenden Grünfläche abgestellt. Um 2012 wurden sowohl sie als auch die Mauern des Hotels entfernt bis auf einen Rest an der Badgasse. 2018 wurde dieser abgerissen und mit einem Zubau zum Glassalon begonnen. Der Glassalon wurde zur Zeit der Ungarnflüchtlinge als Kulturhaus mit einer ungarischen Bücherei eingerichtet, ein ungarischer Kindergarten wurde dort untergebracht. Am 26. Mai 1986 brannte der Glassalon ab.

1989 ging der Bescheid zur Wiederinstandsetzung an Starlinger-Huemer, 1990 erfolgte der Wiederaufbau. (Mitteilung Bauamt Weissenbach). Seither wird der neue Glassalon für Festlichkeiten genutzt.

Das „Hotel Stefanie", das zum Wohnhaus geworden war, wollten die gräflichen Erben ebenfalls verkaufen. Deshalb erhielten alle Wohnparteien 1968 die Kündigung. Doch dann stand das Haus leer. 1977 kaufte es der Gastwirt Satran aus Altenmarkt. Ab April 1982 arbeitete er mit Flüchtlingen aus Polen an der Innenausstattung. Dann zogen 30 polnische Familien ein. Bis 1984 war das ehemalige Hotel Durchgangslager für Polen, Tschechen, Rumänen, Iraker, Iraner, Afghanen und Jugoslawen. (Vgl. MADER, 206f.). Das Hotel, das danach die Familie Starlinger-Huemer erwarb, steht derzeit leer. Das Prunkhotel „d'Orange" bekam 1956 ebenfalls eine neue Bestimmung. Zunächst wurde es über die Liga der Nationalen Rotkreuzgesellschaften vom Norwegischen Roten Kreuz neu eingedeckt, die Plafonds in den beschädigten Teilen wurden erneuert. Die Renovierungsarbeiten wurden von der Fa.

Abb. 48: Der neue Glassalon nach 1990
(Sammlung Josef Gober)

Abb. 49: Der neue Glassalon nach 1990

Gebrüder Müller aus Neuhaus durchgeführt. Das ganze Haus wurde neu eingerichtet. Laut Baumeister Müller waren bereits 1944 die schönen alten Möbel auf die Straße gestellt und verkauft worden. Die Kosten für den Bau betrugen 1,200.000 S, die für die Inneneinrichtung 650.000 S. Die oberste Leitung des Flüchtlingslagers lag beim Innenministerium. Im Herbst 1957 konnten rund 400 ungarische Flüchtlinge einziehen, rund 40 Kinder besuchten die Volksschule in Neuhaus. Nach und nach wanderten die Ungarn aus, der Rest kam in das Auffanglager Traiskirchen. Am 15. Juni 1958 stellte das Innenministerium seine Tätigkeit ein. Zurück blieben beachtliche Schäden an der Einrichtung. Mit Brennmaterial wurde von manchen nicht gespart, und wo dieses nicht reichte, wurden Sessel, Tischbeine, Teile des Parkettbodens verheizt. Nach nicht einmal einem Jahr musste renoviert werden. Die „Wiener Volkshilfe" übernahm am 15. Juni 1958 das Haus. Nun wurde es Erholungsheim, zunächst für jugendliche Wiener, später für Wiener Pensionisten. 1969 bis 1970 wurden geflüchtete Tschechen einquartiert. 1972 kamen Flüchtlinge aus Uganda, Inder, die der dortige Herrscher Idi Amin aus politischen Gründen ausgewiesen hatte. Auch sie wanderten nach und nach ab. 1974 wurde das Lager abermals geschlossen. Nun mietete wieder die „Wiener Volkshilfe" das Hotel, das eine Art Erholungsheim wurde. 1977 kaufte Gerhard Satran das Haus und ließ es außen renovieren. Nun wurden vor allem Flüchtlinge aus den Oststaaten untergebracht, aus Ungarn, Jugoslawien, Rumänien, ab 1981 fast nur Polen. (Vgl. MADER, 209ff.). Der Betrieb in beiden Hotels brachte zwar einige Arbeitsplätze, aber die große Anzahl von Fremden wurde auch zur Belastung.

1988 erschien das politische Drama „Heldenplatz" von Thomas Bernhard, das in diesem Jahr 1988, fünfzig Jahre nach dem „Anschluss" im Jahr 1938, spielt. Das ganze Stück hindurch ist immer wieder von Neuhaus die Rede. Eine Stelle aus dem Gespräch zwischen Prof. Robert Schuster und Prof. Liebig sei hier zitiert: „Sie sollten auch einmal nach Neuhaus kommen, seit 20 Jahren versprechen Sie, dass Sie nach Neuhaus kommen und Sie waren bis heute nicht in Neuhaus. Neuhaus ist ja noch viel schöner als Baden. Unser Vater hat das Haus 1917 gekauft…"

Ob 1988 Neuhaus wirklich schöner gewesen wäre als Baden? Am 13. Juli 1992 sprach eine Gemeinde-Delegation bezüglich der großen Anzahl von Flüchtlingen beim Innenministerium vor. In der nächsten Zeit wurden die Flüchtlinge abgezogen.

Die Aufnahme von Flüchtlingen geschah zum Teil nach einer der größten Veränderungen für Neuhaus, dem **freiwilligen Zusammenschluss von Weissenbach, Neuhaus und Schwarzensee zu einer Großgemeinde ab 1. Jänner 1971**. 10 Jahre später wurde Weissenbach zur Marktgemeinde erhoben. Ein Mosaik am Rathaus, gestaltet von Prof. Erwin Koudela, weist auf die Denkwürdigkeit hin. Was nach 1971 in und für Neuhaus geschah, war durch die Großgemeinde leichter möglich. Dass die Volksschule Neuhaus laut Verordnung der NÖ. Landesregierung vom 26.7.1971 mit Wirkung vom 1.9.1971 geschlossen wurde, mag mit der Großgemeinde zusammenhängen. Direktor Mader war mit 31. Juli 1961 definitiver Leiter der Volksschule in Weissenbach geworden. Ab diesem Zeitpunkt war die einklassige Volksschule fast nur mit provisorischen Volksschullehrern besetzt gewesen, die auch provisorische Leiter waren. Die Kinder der Volksschule Neuhaus wurden nun nach Weissenbach geschickt. Im leerstehenden Neuhauser Schulhaus wurde 1974 ein **Landeskindergarten** eingerichtet. (Vgl. MADER, 242f.).

1976 wurde an der Stelle des abgebrannten Forsthauses ein Appartementhaus mit 28 Wohnungen errichtet. 1933 hatte das Bauen auf den Schießgründen begonnen. 1982 wurden weitere Schießgründe in Bauland umgewidmet und parzelliert und ein Haus nach dem anderen entstand an dem relativ steilen Hang. 1993 wurde auf den Parzellen entlang der Weissenbacher Straße und an der Starlingerstraße, die hufeisenförmig von dieser abzweigt, mit dem Bau von 22 Einfamilienhäusern begonnen.

Am 16. September 1994 wurde unterhalb des Hotels d'Orange bzw. der Weinbergvilla der Grundstein für die Genossenschaftswohnhausanlage „OSR Bernhard Mader Hof" gelegt. Bis 2008 wurden drei Bauteile mit insgesamt 60 Wohnungen fertiggestellt. (Vgl. FESTSCHRIFT 30 Jahre). 1998 erwarb

Abb. 50: Hotel d'Orange heute

die Familie Starlinger-Huemer das Hotel d'Orange und sanierte es nach modernsten Anforderungen. Es bietet nun „Exklusives Wohnen im Wienerwald".

Die Anzahl der Einwohner und der Häuser war in den letzten Jahren beträchtlich gestiegen. 2001 wird aufgelistet: Gebäudestand: 210, Einwohner: 541.

Es wurde nicht nur gebaut, auch andere Projekte wurden verfolgt. So wurde der Teich wiederholt gereinigt. 1979 wurde er ausgebaggert, die Ufer befestigt und eine neue Wasserableitung in den Nöstachbach geschaffen. Sträucher wurden gepflanzt. Am 9.12.1986 wurde er unter Schutz gestellt (EB NR. 112, BH Baden) und unter dem Namen „Teichgebiet Neuhaus" zum Naturdenkmal erklärt.

2000–2001 wurde er nochmals saniert, die Uferböschungen wurden erneuert und eine Flachwasserzone geschaffen. Ein Weg rund um den Teich und Bänke laden zur Erholung ein. Nicht mehr gerettet wurde das Bad, das nach dem 2. Weltkrieg verfiel. Ende der 60er Jahre wurde das Becken zugeschüttet. 1978 wurde über dem ehemaligen Bad ein Festplatz angelegt. 1987 wurden alle Häuser nach Straßenzügen neu nummeriert. Seit 20. Oktober 1989 gibt es in Neuhaus einen Kinderspielplatz.

Abb. 51: Sonderausstellung im Glassalon (Sammlung Mader)

Am 28. Juni 2001 wurde „750 Jahre Neuhaus" gefeiert, gleichzeitig 30 Jahre Zusammenschluss von Weissenbach, Neuhaus und Schwarzensee, 20 Jahre Marktgemeinde.

Am 14. Juni 2003 wurde mit einem Burgfest und mit einem Benefizkonzert des MGV Weissenbach „270 Jahre Pfarre Neuhaus" gefeiert. Einnahmen und Spenden flossen in die Renovierung von Kirche und Pfarrhof. Am 10. September 2006 wurde in der renovierten Kirche der neue Altar durch Kardinal Christoph Schönborn feierlich geweiht. Am 9. September 2012 besuchte der Kardinal noch einmal Neuhaus. Diesmal wurde der 400-jährige Bestand der Kirche gefeiert. Diese Kirche wurde 1610 bis 1612 durch Hans Christoph von Wolzogen als evangelisches Gotteshaus erbaut. Eine Inschrift über dem Hauptportal erinnert daran: 16 dom. dom. 10 = domus domini, Haus des Herrn. Zum Gedenken an Martin Luthers Reformation wurde am 5. Juni 2017 von der Evangelischen Pfarrgemeinde Bad Vöslau und der Evangelischen Pfarrgemeinde Berndorf ein Festgottesdienst in der katholischen Kiche gefeiert. Zahlreiche Gäste und Ehrengäste nahmen daran teil.

2005 entstand die Idee, die Waldschule wieder erstehen zu lassen. Beim Ideenwettbewerb der niederösterreichischen Dorf- und Stadterneuerung wurde das Projekt eingereicht und mit einem Preis in der Höhe von € 5000,- in der Kategorie Bildung und Kultur ausgezeichnet. Der Plan wurde umgesetzt und unter der Leitung von Ing. Josef Müller wurde das Werk des einstigen Oberlehrers Richard Rossrucker wieder sichtbar gemacht. Die feierliche Eröffnung fand am 8. September 2007 statt. (Vgl. WALDSCHULE).

Abb. 52: Faschingsfiguren (Sammlung Trumler)

Außer solchen einmaligen Ereignissen besuchen zahlreiche Gäste Veranstaltungen, die zur Tradition geworden sind. Eine Besonderheit ist noch immer die Fronleichnamsprozession, 10 Tage nach dem Fronleichnamsfest, verbunden mit dem Neuhauser Kirtag.

1988 wurde der Brauch des Maibaumsetzens wieder aufgegriffen. In Neuhaus wird der Maibaum am Teichgelände aufgestellt. Im Winter lockt ein Adventmarkt, der von der Pfarre auf der Burg veranstaltet wird. In diese Zeit fällt auch das Adventkonzert in der Pfarrkirche Neuhaus.

Seit 1990 stellen Mitglieder des Volksbildungswerkes Neuhaus ihre Krampusmasken selbst her und treiben am Teich ihr Unwesen. Das Herstellen von Masken hat allerdings schon eine längere Tradition. Der Volkskünstler Johann Pechhacker (†1983) gestaltete in der Nachkriegszeit originelle Masken für Bälle. Nach dem Abzug der Russen im Jahr 1955 sollten die Neuhauser endlich wieder etwas Lustiges sehen, und so begann die Maskenbildnerei unter der Leitung von Walter Pechhacker. Überdimensionale Figuren wie Giraffe und Elefant, aber auch politische Gestalten wie Kennedy und Chruschtschow, waren zu bestaunen. Krampusmasken folgten (Mitteilung Walter Pechhacker und MADER, 279ff.).

Auf dem Burgberg – in der Burg – entstand durch den Burgverein ein kulturelles Zentrum. Seit 2011 finden Sommerspiele statt, jahrelang im Freien, im Rosengarten. 2017 konnte im neu errichteten

Abb. 53: Sommerspiele 2011 im Rosengarten

Burgsaal gespielt werden. Im historischen Gemäuer wurde der Pfarrsaal eingerichtet, ein Ort für Festlichkeiten, Konzerte, Lesungen, Vorträge.

Die zahlreichen Veranstaltungen zeigen, dass reges Leben das ganze Jahr durchzieht. Trotzdem ist es ruhig geworden in Neuhaus, dem einstigen Kurort, in dem man noch immer Entspannung und Erholung finden kann, sei es bei einem Spaziergang um den Teich oder einer Mußestunde im Rosengarten.

Literatur/Quellen

30 JAHRE MARKTGEMEINDE WEISSENBACH, 1981–2011. Festschrift anlässlich des 30-Jahr-Jubiläums

900 JAHRE POTTENSTEIN, Pottenstein 1974

BERNHARD, Thomas: Heldenplatz, Frankfurt am Main 1988

BRUDNJAK, Andreas: Aussichtswartenführer für Wien, Niederösterreich und Burgenland, Bd. 2, Berndorf 2013

DENKBÜCHER A und B der Pfarre Pottenstein, Handschrift

DOKUMENTE zu den „Alten Villen" (Schreiben des Rechtsanwaltes Dr. Ludwig Achtner), zur Verfügung gestellt von Frau Ingrid Schönthaler, Maschinschrift

FEIGL, Helmut u. KUSTERNIG, Andreas (Hg.): Die Anfänge der Industrialisierung Niederösterreichs. Band 4 der Studien und Forschungen aus dem niederösterreichischen Institut für Landeskunde. Wien 1982

FRANZISZEISCHER Kataster, Protokoll und Katastralplan

Das GEBIET DES SCHWECHATFLUSSES in Nieder-Oesterreich. Topographisch-statistisch dargestellt von der Handels- und Gewerbekammer in Wien. Wien 1878

HEIMATBUCH der Marktgemeinde Weissenbach, Weissenbach 1986

HEROLD, Roland: Die Niederösterreichischen Südwestbahnen, Berndorf 2013

KIRCHENPROTHOCOL, Neuhauserisches Kirchen Prothocol, Handschrift

KIRCHLICHE TOPOGRAPHIE = Historische und topographische Darstellung der Pfarren, Stifte, Klöster…. Fünfter Band: Pottenstein und dessen Umgegend. Wien 1826

KOLLER-GLÜCK, Elisabeth: Erbe aus einer anderen Zeit, in: NÖ Kulturberichte, Februar 1985

MADER, Bernhard: Ortsteil Neuhaus im Wienerwald, in: Heimatbuch der Marktgemeinde Weissenbach a.d.Tr., Weissenbach 1986

MÜLLER, Josef: Wanderung durch Neuhaus, Geschichtliches und Anekdoten aus vergangener Zeit. Maschinschrift

SALMHOFER, Hermann: Beantwortung eines Fragebogens, Maschinschrift, Kopie

SCHEIBLE, Erich: Wimpfen am Neckar, S. Gräfliche Linie, http://www.wimpfen-geschichte.de

SCHILDER, Otto: Heimatkunde heute, Horn 1977

SCHULCHRONIK von Fahrafeld, Handschrift

SCHULTES, J.A.: Ausflüge nach dem Schneeberge in Unterösterreich, Wien 1802 (neu aufgelegt durch den Rotary-Club Wiener Neustadt, 1982)

SCHÜTZ, Karl: Prüfbericht zur Orgel der Pfarrkirche Neuhaus, Maschinschrift

SLOKAR, Johann: Geschichte der österreichischen Industrie und ihrer Förderung unter Kaiser Franz I., Wien 1914

SPIEL, Hilde: Die hellen und die finsteren Zeiten. Erinnerungen 1911–1946, München 1989

STRAUSS, Walter: Fahrafeld, in: 900 Jahre Pottenstein

Die WALDSCHULE von Neuhaus im Wienerwald (für den Inhalt verantwortlich Ing. Josef Müller, Weissenbach), Weissenbach 2007

WOERL, Leo (Hg.): Führer durch Neuhaus, II. Auflage, Leipzig 1899

WERBESCHRIFT:

Titel: Gräflich Simon Wimpffen'sche Kuranstalt und Sommerfrische Neuhaus im Wienerwald. - Bahnstation Weissenbach-Neuhaus, von Wien 1¾ Stunden. Post- und Telegraphenamt: Neuhaus bei Weissenbach an der Triesting. Interurbanes Telephon. Ganzjährig geöffnet. Kurhotel D'Orange-.-Kurhotel Stefanie-.-Villen-kolonie Touristenhotel Bahnhofhotel zur Station Weissenbach-Neuhaus in Fahrafeld

BADENER BEZIRKSBLATT vom 7. März 1896

BADENER ZEITUNG vom 12. November 1930

NEUES WIENER ABENDBLATT vom 30. Oktober 1930

NÖ KULTURBERICHTE, Februar 1985

NÖN, diverse Berichte

TRIESTINGTALER WOCHENBLATT vom 6. November 1937

KOBER Erika und Wolfgang: Ausstellung „Sommerfrische Neuhaus", 15. Juli bis 26. August 2017

Lexika

DEHIO Niederösterreich südlich der Donau, Teil 2, Horn/Wien 2003

HELLWIG, Gerhard: Lexikon der Maße und Gewichte, Gütersloh 1979

ÖSTERREICH-LEXIKON in 2 Bänden, Wien 1995

Mitteilungen

Erich Bettel

Rita Braun

Snezana Damnjanovic

DI Franz Gober

Ing. Josef Müller

Hermine Mraczek

Walter Pechhacker

Ing. Bernhard Rampl (Bauamt Weissenbach)

Richard Reischer

Robert Reischer
Ing. Adolf Schießl
Ingrid Schönthaler
Horst Michael Sokolik
Josef Ungerböck
DI Arno Wimpffen
Wolfgang Winkler

Kapitel 4

BURG NEUHAUS ALS DENKMAL

Patrick Schicht

Was ist eigentlich ein Denkmal? Für Investoren ist es ein störender Minuspunkt auf einem Grundstück in gewinnträchtiger Lage, selten ein Pluspunkt für höhere Renditen. Für Bautechniker ist es eine Kombination unproblematischer Altbaustoffe wie Stein, Sand, Ziegel und Holz, für Umweltfreunde ein nachhaltiger Nutzbau mit fantastisch kleinem ökologischem Fußabdruck, für romantische Menschen ein geschichtsträchtiger Ort zum Wohlfühlen, mit Flair und Charakter. Für den pragmatischen Denkmalpfleger gilt die gesetzliche Bestimmung, dass Denkmale rechtskräftig definierte Objekte sind, deren Erhaltung aufgrund ihrer historischen, künstlerischen oder sonstigen kulturellen Bedeutung im öffentlichen Interesse gelegen ist. Gleich einem hohen Geldschein, der per se nur bedrucktes Papier darstellt, bis ihm eine Gemeinschaft einen allgemein anerkannten Wert zumisst, kann also auch die Burg Neuhaus als „altes Baumaterial" nur durch Verständnis und Akzeptanz unserer Gesellschaft geschätzt und erhalten werden.

So wurde die Burg schon in den letzten Jahrzehnten unterschiedlich betrachtet. Bis 1629 war sie stolzer Hauptsitz der mächtigen protestantischen Adelsfamilie Wolzogen und wurde regelmäßig verschönert und sorgsam instand gehalten. Nach ihrer Enteignung war sie hingegen lange leer stehend. 1683 verursachten die Türken im Rahmen der Belagerung Wiens starke Zerstörungen, wonach die Altburg bis auf den Sockel ersatzlos abgetragen wurde. In den Ruinen der Hauptburg richtete man 1694 eine Spiegelfabrik ein, für die unter Kaiser Karl VI. 1726 der Osttrakt adaptiert und mit einer Prunkfassade versehen wurde. Bereits 1748 siedelte man jedoch die Fabrik ins Tal ab. Bald darauf wurde die Kapelle als Ortskirche aktiviert und mit barocker Ausstattung versehen, im Vorburgtrakt richtete man 1769 eine Volksschule und im alten Fabrikstrakt den Pfarrhof 1833 an heutiger Stelle ein. Während der intensiven Kampfhandlungen 1945 wurden die Bauten wiederum schwer beschossen und großteils in Brand gesteckt. Unmittelbar darauf richtete die Bevölkerung die Kirche wieder her, 1951 war der Pfarrhof benutzbar.

Andere Teile blieben Ruinen, auch der Pfarrhof zeigte bis in die jüngste Zeit im Inneren Kriegsspuren. An der noch nicht restaurierten Hauptfassade sind die Granateneinschläge sogar bis heute zu sehen.

Von den österreichischen Bundesforsten wurden die äußeren Ruinen (Vorburgtrakt) 1965 an Private verkauft und 1978–82 behutsam in alter Form wieder hergestellt.

Die Kernbereiche wurden 1981 der katholischen Kirche geschenkt, die zunächst kaum in die Erhaltung investierte. Erst mit dem Jahr 2002 startete eine neue Aufbruchstimmung. Anlässlich der

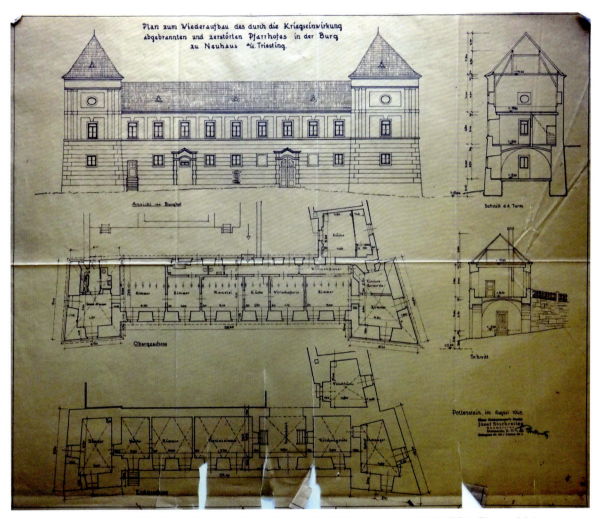

Abb. 1: Detailplan eines Wiederausbauprojekts nach dem 2. Weltkrieg, datiert 1945 (BDA-Planarchiv)

Abb. 2: Wiederherstellung der
Kirche nach dem 2. Weltkrieg
(Sammlung Josef Gober)

Abb. 3: Kirche um 1960
(Sammlung Müller)

Abb. 4: Kirche 2018

270-Jahr-Feier Pfarre Neuhaus im Jahr 2003 wurden Benefizkonzerte organisiert, die eine Renovierung der Kirche samt neuem Altar initiierten. Nach dem Weggang des letzten in Neuhaus lebenden Pfarrers bildete sich ein höchst ambitionierter und gut organisierter Verein, um aus dem alten Pfarrhof ein Begegnungszentrum für die ganze Region zu machen.

Im Jahr 2008 trat die Pfarre an das Bundesdenkmalamt heran. Aus Sicht der Denkmalpflege war höchste Sensibilität und Achtung vor dem Überkommenen gefragt, um nicht ungewollt Substanz oder Erscheinung nachhaltig zu zerstören. Gleichzeitig sind adäquate Verwendung und regelmäßige Pflege Garanten für eine langfristige Erhaltung. Somit war die Idee einer Revitalisierung sehr willkommen und es startete ein intensiver Entwicklungsprozess.

Den Beginn machten detailgenaue Vermessungen und exakte bauhistorische Studien, die durch naturwissenschaftliche Analysen und später durch archäologische Begleitungen vervollständigt wurden.

Immerhin stellt die Burg Neuhaus durch ihre fast achthundertjährige Geschichte ein wesentliches Zeugnis für die Region dar. Als Dokument unterschiedlicher Epochen gleicht sie einem uralten Buch, in dem jede Generation ihre Seite schreiben konnte und selbst fehlende Kapitel als Zeichen ihrer Zeit eine Bedeutung bekamen. Tatsächlich konnten aus allen wesentlichen Zeitstufen repräsentative Bauphasen herausgefiltert werden, die in diesem Buch von Ralf Gröninger vorgestellt werden.

Seine bemerkenswerten Erkenntnisse dienten in der Folge nicht nur als Planungs- und Beurteilungsgrundlagen für das gesamte Projekt, sondern stellen auch einzigartige Einblicke in die Baugeschichte dar. Vieles ist heute gar nicht mehr sichtbar und somit für unsere und die nächsten Generationen dokumentiert. Die Vermittlung dieser Erkenntnisse zur Baugeschichte ist ein wesentliches Ziel der Denkmalpflege, wofür letztlich auch dieses Buch hervorragend dienen kann.

Auf Basis der bauhistorischen Analysen ließen sich notwendige Einbauten leichter positionieren. Dazu gehörte zunächst das große Stiegenhaus samt Lift, für das im Bereich eines Kriegsschadens ein bereits stark zerstörter Raum definiert werden konnte. Ein zu Beginn vorgesehenes Anstellen des Lifts von

Abb. 5: Wiederherstellung des Pfarrhofs nach dem 2. Weltkrieg (Sammlung Josef Gober)

Abb. 6: Pfarrhof 2018

Abb. 7: Vorburgtrakt um 1970
(Sammlung Josef Gober)

Abb. 8: Vorburgtrakt nach dem
Wiederaufbau 1978–1982

außen konnte dadurch abgewandt werden. Der anschließende ehemalige Wirtschaftsbau wurde durch die Bauforschung als junge, stark veränderte Zutat definiert, weshalb dort problemlos die Sanitärbereiche eingestellt werden konnten. Beim Anbau des kleinen Stiegenhauses wurde auf zeitgemäße Formensprache und einen eingerückten eigenständigen Baukörper Wert gelegt. Für Fenster und Türen griff man durchwegs auf alte vermauerte Öffnungen zurück, die meist nur wieder hergestellt werden mussten. Das betrifft auch den hofseitigen Außengang im Obergeschoß, der nun als Fluchtweg vorgeschrieben wurde. Er stellt die wenig breitere Rekonstruktion eines ehemaligen Gangs dar und erforderte daher keinerlei neuen Durchbruch. Beim Einbau der Fenster orientierte man sich einerseits an der ursprünglichen Lage und andererseits an der im Pfarrsaal bereits vorhandenen Konstruktion.

Ein wesentliches Element der Burg stellt naturgemäß die Altburg dar, die seit der Türkenzeit ruinös ist. Klaubfunde belegen gemeinsam mit einem Stich von 1672, dass hier bis zur Zerstörung der eigentliche Wohnbereich der Herrschaft bestanden hat, der in der Renaissance durch repräsentative Säulenfenster aufwändig gestaltet war.

Der alte Bergfried wurde mit renaissancezeitlichen Gewölben versehen und diente wohl als Geschützturm, wie eine tiefe Scharte vermuten lässt.

Bis zuletzt war dieser Bereich eine verwachsene Ruinenfläche, an der nur notdürftig die äußeren Mauerschalen gesichert wurden. Gemeinsam mit den Archäologen des Bundesdenkmalamts wurde beschlossen, den einst dreiteiligen Bereich (Bergfried, Hof, Palas) nicht bis zum ursprünglichen Niveau auszugraben sondern zur leichteren Pflege nur sanft zu begradigen und die Mauerkronen zu konsolidieren.

Das war umso sinnvoller, als bei ersten Sondierungen im Eingangsbereich sofort historische Estriche und Wandverputze ausgegraben wurden, die unter freier Bewitterung rasch verschwunden wären. Hier bleibt also im Zentrum der Anlage ein ungehobener bauhistorischer Schatz der Nachwelt bewahrt.

Gemäß diesem Restaurierziel der Altburg wurde nur der Torbereich zum besseren Verständnis wieder aufgemauert und das Original etwa 30 cm eingeschüttet gelassen (siehe auch Kapitel 1, Abb. 6 bis 10). Seitlich ansteigend waren zwar die starken Burgmauern erhalten, im oberen Bereich jedoch großteils ohne Mauerschale. Zur Sicherung der fischgrätartigen Binnenstrukturen ergänzte man die Schalen und setzte als Verschleißschicht eine ruinenadäquate Mauerkrone auf. Somit ist der Bestand langfristig gesichert, ohne die überkommene Optik als Ruine stark zu verändern.

Damit kann auch der gesamte Geist der nachhaltigen Revitalisierung im Sinne des Denkmalschutzes erfasst werden. Unsere Baukultur gleicht einem nachwachsenden Rohstoff: gepflegt und sanft bewirtschaftet bringt sie reichen Ertrag, einmal abgebaut, ist sie für immer verbraucht. Unser Ziel ist daher, das Original möglichst authentisch zu bewahren. Damit kann manches erst von künftigen Generationen als interessant entdeckt werden.

Abb. 9 und 10: Bergfried vor Beginn der aktuellen Konsolidierung und 2018

Abb. 11 und 12: Zugang zur Altburg und zum Bergfried vor und nach der Revitalisierung

Forschung heißt ja, etwas zu entdecken, von dem man nicht einmal weiß, dass man es finden könnte. Dafür bleibt der Zukunft mit ihren neuen Methoden und Fragestellungen noch ausreichend Raum. Zudem wurde kein einziger Baukörper abgebrochen, sondern im Gegenteil wurden die großteils baufälligen Gebäude konsolidiert und behutsam für die ambitionierte Nutzung adaptiert.

Ein historisches Denkmal ist sicher eine Herausforderung für unsere moderne Gesellschaft, die immer mehr verlernt, alte Gebäude zu akzeptieren und sie sorgsam zu nutzen. Dass dies in Neuhaus in vorbildhafter Weise gelang, war nur durch die intensive Projektvorbereitung und die grundsätzlich positive und konstruktive Zusammenarbeit aller Beteiligten möglich. So half die mustergültige Vorarbeit von Baudokumentation und bauhistorischer Analyse zu einer substanzschonenden, kostengünstigen und letztlich nachhaltigen Ausführung. Dafür gebührt einerseits dem Bauamt der Erzdiözese großer Dank für die geduldige Projektbetreuung, namentlich Baudirektor Harald Gnilsen und dem Gebietsreferenten Leopold Link. Anderseits darf sich die Denkmalpflege beim örtlichen Verein und vor allem bei Franz Gober bedanken. Mit langjähriger Zielstrebigkeit, großer fachlicher Kompetenz und bewundernswertem persönlichem Einsatz wurde es geschafft, die alten, vergessenen Gemäuer wieder öffentlich zugänglich zu machen. Verein und Pfarre haben sich dabei auch ein eindrucksvolles Denkmal für die eigene aktive Gemeinschaft und die höchst lebendige Kulturszene gesetzt. Burg Neuhaus ist nun in ihrer Substanz nachhaltig gesichert und kann als lebendiges gesellschaftliches Zentrum der Region wieder an ihren einstigen historischen, künstlerischen und kulturellen Rang anschließen.

Kapitel 5

Von der Vision zur Wirklichkeit
Kirchenrenovierung und Planungsphase Burg

Franz Gober

Die fast achthundert Jahre alte Burg Neuhaus hat eine sehr bewegte Geschichte hinter sich. Auch in der jüngeren Zeit gibt es bedeutende Ereignisse und Entwicklungen, die wesentliche Veränderungen mit sich brachten. Dieses Kapitel dokumentiert die Zeit ab 2002 mit der Kirchenrenovierung und den Anfängen der Renovierung der alten Burg. Kapitel 6 widmet sich den einzelnen Projekten in der zentralen Hochburg. Dort ist im Nordtrakt bis zum Jahr 2018 ein Veranstaltungszentrum entstanden, das am 23. September 2018 feierlich eröffnet wurde. Einen Einblick in die gesamte Geschichte der Burg und ihrer Umgebung geben die Kapitel 1 bis 4 dieses Buches mit einem Schwerpunkt auf den letzten 200 Jahren.

Für das Verständnis der heutigen Besitzverhältnisse der Burg beginnen wir an dieser Stelle im Jahr 1955. Mit dem Abzug der russischen Besatzungsmacht kommt die Burg in das Eigentum der Österreichischen Bundesforste, verbunden mit der Verpflichtung zur Erhaltung der Gebäude (privates Realpatronat). Das Obergeschoß des Pfarrhofs dient als Wohnung für den örtlichen Priester.

1965 wird die Burg geteilt: Die Kirche, der Pfarrgarten und die Hauptburg mit dem Pfarrhof bleiben bei den Bundesforsten. Der Vorburgtrakt der Burg – seit 1945 eine Ruine – wird verkauft. Nach anderen Vorbesitzern erwirbt die Fam. Huemer 1977 den Burghof sowie die Ruine des Vorburgtraktes und lässt diesen in der ursprünglichen Form wieder aufbauen. 1982 erfolgt die feierliche Eröffnung.

Abb. 1: Vorburgtrakt nach dem 2. Weltkrieg (Sammlung Josef Gober)

Abb. 2 und 3: Vorburgtrakt und Burgansicht im Jahr 2002

Mitte der 1970er Jahre beginnen die Pfarre und die Erzdiözese Wien Verhandlungen mit den Bundesforsten wegen dringend notwendiger Sanierungsarbeiten. Die Fassade und das Dach der Kirche und des Pfarrhofes sind sehr desolat geworden. 1977 erfolgt die Sanierung des Dachstuhls des Pfarrhofes. Die 25 Jahre alten, teilweise schon morschen Schindeln aus Fichtenholz werden durch eine Eternit-Doppeldeckung ersetzt. 1978 wird die Kirche außen renoviert, 1979 bekommt der Kirchturm ein neues Dach aus Kupferblech. 1983 wird die Sakristei erneuert.

Die Österreichischen Bundesforste, die Pfarre und die Erzdiözese einigen sich auf eine Übergabe: Durch einen Schenkungsvertrag wird die Pfarre Neuhaus 1981 neuer Eigentümer von Kirche, Pfarrgarten und Pfarrhof mit der alten Burg. In einem Patronatsablösevertrag verpflichten sich die Bundesforste, eine Ablöse für die noch ausständigen Sanierungen an die Pfarre zu bezahlen. Das Geld wird auf Konten der Erzdiözese hinterlegt. Die Österreichischen Bundesforste haben sich damit vom Patronat, das zur Erhaltung der Gebäude verpflichtet, freigekauft.

Die weiteren Sanierungen der Bausubstanz liegen nun in der Verantwortung der Pfarre. Diese wird vertreten durch den Pfarrgemeinderat und den Pfarrer, wobei in Bauangelegenheiten immer auch das Bauamt der Erzdiözese einzubeziehen ist. Da die Burg unter Denkmalschutz steht, müssen bauliche Maßnahmen auch mit dem Bundesdenkmalamt abgestimmt werden.

Abb. 4 und 5: Kirche im Jahr 2002

Abb. 6: Blick über den desolaten Pfarrgarten Richtung Weissenbach im Jahr 2002

Abb. 7–9: Burg im Jahr 2002

Der Zahn der Zeit nagt nun 20 Jahre lang an der Substanz von Kirche, Pfarrhof und Burg. Das Geld aus dem Patronatsablösevertrag bleibt mangels geeigneter Initiativen ungenutzt.

Ein großer Aufschwung kommt im Jahr 2002. Aufgrund einer Entscheidung der Erzdiözese Wien wird die Pfarre Neuhaus ab sofort vom Orden der Herz-Jesu-Priester mit Sitz am Hafnerberg betreut. Pater Antoni Ulaczyk SCJ übernimmt von Pfarrmoderator Herbert Berger die Seelsorge in der Pfarre. Der Pfarrhof als Wohnung für den Priester hat ausgedient.

Pater Antonis erste Bitte an die Kirchengemeinde ist die Reinigung der Kirche. Diese ist innen stark verschmutzt und renovierungsbedürftig. Der 20. April 2002 wird als Putztag angesetzt, und achtundzwanzig freiwillige Frauen und Männer kommen mit Putzutensilien in die Kirche. Es ist eine schöne Aktion, wo viel gearbeitet aber auch gelacht wird. Auch für das leibliche Wohl ist gesorgt und wer nicht putzt, bäckt für die Freiwilligen Kuchen. Der Geist der Zusammengehörigkeit ist wieder erwacht, ebenso auch der Wille, unser Pfarrleben wieder neu erstehen zu lassen. Die Frage ist nur: wie? Am 9. Juni 2002 gibt es eine erste gemeinsame Fronleichnamsprozession mit Pater Antoni.

Abb. 10: Kirchenputz mit dem neuen Pfarrer Pater Antoni am 20. April 2002

Der neue Pfarrer hat noch keinen Pfarrgemeinderat. Es wird eine Pfarrgemeinderatswahl organisiert, und zwar nach dem Modell „Urwahl", das heißt ohne vorher festgelegte Kandidatenliste. Wahltermin ist der 9. September 2002. Alle Wahlberechtigten sind aufgerufen, die Namen jener Personen auf dem Stimmzettel zu notieren, die sie gerne im Pfarrgemeinderat vertreten haben möchten. Ein neuer Pfarrgemeinderat entsteht (siehe Übersicht am Ende des Buches).

In Zusammenarbeit mit dem Bauamt der Erzdiözese Wien werden nun die Gebäude genau inspiziert. Schwerpunkt ist erst einmal die Kirche. Es ist offensichtlich, dass sie eine Generalsanierung braucht. Spezialisten werden hinzugezogen. Ein erstes Resümee: Der Altar der Kirche ist durchnässt und die Oberfläche brüchig; die Gruft darunter ist feucht. Die Kirchenmauern sind bis auf eine Höhe von ca. drei Metern ebenfalls feucht. Die Speicherheizung funktioniert nicht mehr. Die Orgel spielt nicht mehr alle Töne und auch nicht richtig. Das Holz der Orgel ist wurmstichig, ebenso das der Kreuzwegbilder. Die ehemals schönen Heiligenstatuen haben den Glanz verloren. Es gibt den Wunsch, nach altem Brauch die Kirchenglocken drei Mal täglich zu läuten. Das heißt, ein automatisches Läutwerk sollte eingebaut werden.

Abb. 11: Die Kirchenglocken werden ab Weihnachten 2002 täglich automatisch geläutet (Foto Reinhard Helmer).

Ein umfangreiches Projekt zeichnet sich ab und wird mit dem Bauamt der Erzdiözese besprochen. Für Fragen zur Ausgestaltung der Kirche werden das Diözesankonservatorium und das Bundesdenkmalamt einbezogen. Für die Erneuerung der Orgel ist das Referat für Kirchenmusik zu kontaktieren.

Begleitend zu den vielen Vorbereitungsarbeiten für die Renovierung der Kirche wird am 27. Oktober 2002 seit langem wieder Erntedank gefeiert, erstmals wieder mit Feuerwehr und voller Kirche. Die anschließende Agape findet im mittlerweile notdürftig geräumten Untergeschoß des Pfarrhofes statt. Am 11. November kommen die Kindergartenkinder zum Laternenfest in die Kirche. Bewirtet werden sie mit Punsch und Kuchen, wieder im Pfarrhof. Dank einer Spende wird die Kirche ab November 2002 jeden Abend beleuchtet. Nach Komplettreinigung des Kirchturmes bis hinauf zu den drei Glocken wird noch vor Weihnachten 2002 eine automatische Steuerung für die Kirchenglocken eingebaut. Seither rufen die 1963 geweihten Glocken wieder täglich um 6:00, 12:00 und 18:00 Uhr zum Gebet.

Während der Generalsanierung der Kirche wird diese für längere Zeit nicht benutzbar sein. Ein Ersatzlokal wird gebraucht. Mit dem Nebeneffekt, einen Raum als „Notkirche" zu bekommen, soll ein Pfarrsaal entstehen, der später für diverse Pfarraktivitäten genutzt werden kann.

Unter den vielen offenen Fragen ist das Thema Finanzierung eine ganz zentrale. Bei der offiziellen Pfarrübergabe an Pater Antoni Ulaczyk SCJ am 10. Februar 2003 entsteht für den neuen Pfarrgemeinderat eine erste Übersicht über die finanzielle Lage der Pfarre. Das Geld aus dem Patronatsablösevertrag mit den Bundesforsten liegt seit 20 Jahren inklusive Zinsen auf einem Konto bei der Erzdiözese Wien. Mehrere Besuche und Gespräche in der Erzdiözese Wien sind notwendig, um dieses Geld in den Finanzierungsplan für die geplanten Baumaßnahmen aufnehmen zu können. Zusammen mit angedachten Subventionen der Erzdiözese, des Landes NÖ, des Bundesdenkmalamtes und der Gemeinde Weissenbach scheint ein Projekt zur Schaffung einer Infrastruktur mit restaurierter Kirche und Pfarrsaal finanzierbar zu sein. Weitere Fragen bleiben aber offen:

*   Eine desolate Burg mit brüchigen Mauern, lockeren Steinen und starkem Efeubewuchs
*   Verwilderte, zugewachsene „Gärten"
*   Eine desolate Elektroinstallation
*   Keine Heizung
*   Keine funktionierenden Toiletten
*   Fehlende oder kaputte Fenster
*   Eine Kirche, deren Renovierung viel Geld in Anspruch nehmen wird.

Die Sanierung des Pfarrhofs mit der alten Hochburg scheint für die kleine Pfarre Neuhaus nicht machbar zu sein. Auch die langfristige Erhaltung eines vielleicht renovierten Pfarrhofes dürfte die Pfarre überfordern. Außerdem steht die Burg unter Denkmalschutz, woraus in Zukunft schwer finanzierbare Auflagen resultieren könnten. Es wohnt nun kein Pfarrer mehr im Pfarrhof, der Wohnbedarf des neuen Seelsorgers wird am Hafnerberg gedeckt. In den vergangenen mehr als 20 Jahren gab es nur wenig Pfarrleben und von kirchlicher Seite gibt es aktuell keinen Bedarf für eine Nutzung der Burg. Aus Sicht der Erzdiözese ist die alte Burg für die Pfarre also nur eine Belastung.

Seitens der Erzdiözese wird dem Pfarrgemeinderat daher ein Verkauf der Burg als einzig realistische Variante nahegelegt. Schließlich sind in der Pfarre keine ausreichenden Strukturen und Aktivitäten sichtbar, die eine sinnvolle Nutzung und den Erhalt ermöglichen könnten. Nur die Kirche und der Pfarrgarten neben der Kirche sollen im Eigentum der Pfarre bleiben. Einigkeit mit der Erzdiözese gibt es darüber, dass die Pfarre einen Pfarrsaal mit kleiner Küche sowie eine Pfarrkanzlei und WC-Anlagen braucht. Räumlichkeiten dafür könnten ev. im Erdgeschoß des Pfarrhofes entstehen und nach dem Verkauf der Burg langfristig angemietet werden. Alternativ dazu könnte auf dem Areal des Pfarrgartens neben der Kirche ein kleiner Pfarrsaal neu gebaut werden. Die alte Burg selbst ist für das Pfarrleben nicht erforderlich. Seitens der Erzdiözese werden daher Verkaufsgespräche eingeleitet.

Für den damaligen Pfarrgemeinderat ist dies ein schwerer Rückschlag, den man nicht so einfach hinnehmen möchte. Mit dem Bewusstsein, dass es finanziell vielleicht nicht oder nur mit vielen Anstrengungen gelingen könnte, werden Ideen und Varianten überlegt. Mitten in diesen Diskussionen veranstaltet der Pfarrgemeinderat am 14. Juni 2003 ein großes Burgfest. Einerseits, um die lange nicht zugängliche Burg als Wahrzeichen von Neuhaus erstmals wieder zu öffnen und Besuchern zu zeigen, anderseits um den Neuhauserinnen und Neuhausern sowie anderen Interessierten „ihre" Burg wieder näherzubringen.

Das Fest beginnt mit einem Konzert des MGV Weissenbach, einer kleinen Ausstellung und anschließender Bewirtung von fast 300 Gästen im Burghof. Als die Dämmerung einsetzt, überrascht man die Gäste mit einer mystischen Burgbeleuchtung, installiert von Schülern der HTL Wr. Neustadt unter Dr. T. Kreszowiak, wo zu passender Musik die Geschichte der Burg Neuhaus erzählt wird. Vielen Gästen wird der Wert der Burg als einzigartiges Kulturerbe bewusst gemacht.

Mit der Erkenntnis, dass die Burg mit ihrem historischen Ambiente für viele eine Anziehungskraft darstellt, wird über Verkauf oder Nicht-Verkauf heftig diskutiert.

Konkrete Szenarien für den Fall eines Verkaufs werden überlegt und durchdacht: Errichtung und Miete eines Pfarrsaals im Erdgeschoß der verkauften Burg, daneben der Pfarrgarten. Oder Neubau eines eigenen kleinen Pfarrsaals im Pfarrgarten, allerdings mit sehr wenig verbleibender Gartenfläche.

In beiden Varianten gäbe es daneben die verkaufte Burg im Privatbesitz und keinen Platz für Nebenräume und (erhofftes) künftiges Wachstum der Pfarre. Und das in einem Ort, wo es neben der Freiwilligen Feuerwehr und dem Volksbildungswerk nur wenige Angebote für soziales Leben gibt. Eine

Abb. 12 und 13: Männergesangsverein und mystische Beleuchtung beim ersten Burgfest, 14. Juni 2003

Abb. 14 und 15: Ausstellungsdetails vom Burgfest. Die beiden Engel wurden im Februar 2004 bei einem Einbruch gestohlen.

Vorstellung, die den Pfarrgemeinderat und weitere an der Erhaltung der Burg Interessierte vor emotionale Herausforderungen stellt. Widerstand macht sich breit. Neues Leben in der Pfarre braucht einen Gruppenraum und Nebenräume sowie sanitäre Anlagen.

Ein fester Wunsch entsteht, die Burg Neuhaus als historisches Erbe zu würdigen, öffentlich nutzbar zu machen und nicht zu verkaufen. Es wird daher in vielen Sitzungen und Besprechungen beraten, wie der kleine Pfarrgemeinderat das große Vorhaben, nämlich die Burg zu erhalten, meistern kann. Über einige Varianten wird mit der Erzdiözese verhandelt.

Schließlich wird im Pfarrgemeinderat die Entscheidung für die bevorzugte Vorgangsweise getroffen. In einem Brief an die Erzdiözese am 12. September 2003 wird Folgendes festgehalten:

- Der Pfarrhof soll im Besitz der Pfarre bleiben.
- Der Pfarrgarten soll nicht verbaut werden, um diesen in Zukunft für unterschiedliche Aktivitäten nutzen zu können.
- Ein Pfarrsaal mit Verbindung zum Pfarrgarten sowie mit Küche und WC sollen im Erdgeschoß des Pfarrhofes entstehen.
- 3 Bauphasen soll es geben:
  ○ Renovierung des Erdgeschoßes des Pfarrhofes links (südlich) vom Haupttor für den Pfarrsaal mit Herstellung eines Zuganges zum Pfarrgarten.
  ○ Renovierung der Kirche innen und gleichzeitige Nutzung des neuen Pfarrsaals als Notkirche.
  ○ Sanierung der Kirche außen und des Pfarrgartens.
- Damit hätte die Pfarre erstmals wieder eine Infrastruktur für pfarrliche Aktivitäten und Möglichkeiten für eine Neubelebung der Burg.
- Nach Fertigstellung sollen weitere zwei Jahre dazu genutzt werden, ein Konzept für die künftige Verwendung des Obergeschoßes des Pfarrhofes und der alten Burg zu entwickeln. Bis dahin sollen die Verkaufsgespräche eingestellt werden.

Die verantwortlichen Stellen der Erzdiözese lenken ein. Es gibt nun einige Planvarianten von einigen Planern und Architekten. Anfang Dezember 2003 einigen sich Pfarre und Erzdiözese auf einen Plan. Es wird ein Pfarrsaal mit Küche und Verbindung zum Pfarrgarten entstehen.

Auch die gemeinsame Finanzierung wird fixiert. Es folgt die Erstellung des Einreichplanes und schließlich die Baubewilligung für den neuen Pfarrsaal am 24. März 2004. Im April wird mit den Bauarbeiten begonnen.

Abb. 16: Einreichplan Pfarrsaal

Mit frischem Mut und Hilfe des Bauamtes der Erzdiözese Wien werden konkrete Schritte geplant und umgesetzt: 2004 wird der Pfarrsaal renoviert, also der Bereich im Erdgeschoß des Pfarrhofes links vom Haupttor zur alten Burg.

Am 17. Oktober 2004 wird wieder Erntedank gefeiert, mit anschließender Bewirtung von mehr als 100 Gästen, erstmals im bereits fast fertigen neuen Pfarrsaal. Ein schönes Fest, das gleichzeitig auch das Abschiedsfest für Pater Antoni ist. Ab nun übernimmt Pater Christoph Cinal SCJ die Leitung der Pfarre, ebenfalls vom Sitz am Hafnerberg aus.

Abb. 17–19: Der Pfarrsaal entsteht.

Abb. 20: Pfarrsaal beim Erntedank 2004

Abb. 21 und 22: Erntedankfest 17. Oktober 2004

Kirchenrenovierung

Der erste Teil der Kirchenrenovierung beginnt im Dezember 2003. Noch vor Weihnachten wird in der Kirche eine Bankheizung installiert. Die alten, nicht mehr funktionsfähigen Speicherheizkörper werden entsorgt. Vorbereitend für die Restaurierung des Hauptaltars werden Feuchtigkeitsmessungen durchgeführt und am 15. November 2004 der Hochaltar durchgeschnitten und mit einer Isolierschicht vor aufsteigender Feuchtigkeit geschützt. Da diese Arbeit mit sehr viel Staubentwicklung verbunden ist, muss dazu vorher die Kirche geräumt bzw. alles Verbleibende vor Staub geschützt werden. Auch die natürliche Be- und Entlüftung der Familiengruft des Kirchengründers Hans Christoph von Wolzogen unter dem Altarbereich wird wiederhergestellt.

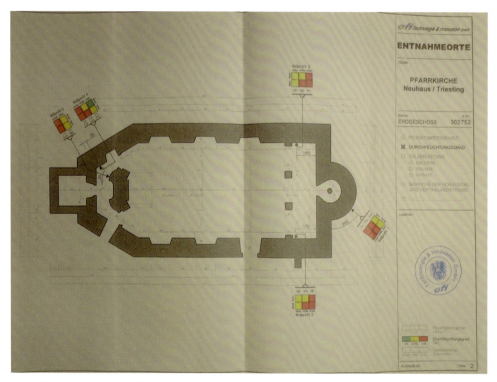

Abb. 23: Grundriss der Kirche mit Messergebnis zum Durchfeuchtungsgrad des Hauptaltars und der Mauern

Abb. 24 und 25: Der Hauptaltar wird unten durchgeschnitten und eine Isolierschicht wird eingezogen.

Leider sind die Außenmauern der Kirche ebenfalls feucht. Es werden zwei Varianten geprüft: Die Mauern durchschneiden und so wie beim Hauptaltar eine Absperrung gegen aufsteigende Feuchtigkeit einbauen; oder alternativ einen Teil des Innenputzes der Mauern abschlagen und wieder neu aufbringen. Aufgrund der Messergebnisse und auch aus Kostengründen fällt die Entscheidung für die zweite Variante, nämlich den Putz zu erneuern. Das erfolgt aber erst im Zug der späteren Arbeiten in der Kirche.

Nach Abschluss der Isolierarbeiten am Altar wird die Kirche gereinigt und die Einrichtung kommt wieder an ihren Platz. Der Altar kann ein paar Monate trocknen, während die Kirche benutzbar bleibt.

Abb. 26: Messfeier im fast fertig renovierten Pfarrsaal im November 2004

Am 28. Mai 2005 ist es so weit: Die Kirche wird geräumt und die Innenrestaurierung kann beginnen. Der fertiggestellte Pfarrsaal wird als Ausweichkirche eingerichtet. Die neue Küche dient als Sakristei und der Haupteingang ist in der Mitte des Saales. Bis zum

November werden die hl. Messen in dieser „Notkirche" gefeiert. Das Gewölbe und die liebevolle Ausgestaltung bilden einen würdigen Rahmen.

Abb. 27: Der fertiggestellte Pfarrsaal dient als „Notkirche" während der Kirchenrenovierung 2005.

In der Kirche wird der feuchte Innenputz der Wände bis auf eine Höhe von ca. 3 m abgeschlagen und durch einen Spezialputz ersetzt. Hohe Gerüste sind notwendig, um die gesamte Kirche innen zu erneuern. Die Kanzel wird gestrichen und Teile werden vergoldet. Interessant ist die Herstellung von Kunstmarmor für den Hochaltartisch und die Altarsäulen: Ton, Lehm und Erdfarben werden gemischt und zu „Wecken" geformt, in Scheiben geschnitten und aufgebracht. Danach werden die Oberflächen so lange geschliffen, bis sie glatt sind. In früheren Zeiten galt Kunstmarmor edler als echter Marmor. Auch der Fußboden im gesamten Altarraum wird neugestaltet und mit Platten aus Naturstein belegt. Neben dem Kirchturm an der hinteren (westlichen) Seite der Kirche wird die dicke Mauer durchbrochen und ein zweiter Eingang hergestellt. Ein kleiner Vorraum mit Glaswänden sowie einer versperrbaren Glastür entsteht. Damit kann die Kirche in Zukunft tagsüber für Besucher offengehalten werden, ohne dass der gesamte Kirchenraum zugänglich ist.

In der Mitte des Altarbereiches befand sich der Marmordeckel für die darunterliegende Gruft. Er stammt aus der Zeit der Erbauung der Kirche 1610–1612 und trägt eine Inschrift des Kirchengründers

Abb. 28–31: Innenrenovierung der Kirche

Abb. 32: Herstellung von Kunstmarmor für den Hochaltartisch und die Altarsäulen

Hans Christoph von Wolzogen. In der Gruft sind vier Familienmitglieder der Familie Wolzogen und zwei Priester beigesetzt. Während der Franzosenkriege 1805 wurde die Gruft geplündert.

Abb. 33: Marmordeckel der Gruft, nun an der Wand im neu geschaffenen Vorraum (Foto Reinhard Helmer)

Der Gruftdeckel trägt folgende Inschrift:

Sepultura Baronum Wolzogen in Neuhaus.
Hic positus estillustris
DD Johannes Christoph Wolzogen,
L. Baro in Neuhaus et Arnstein
sac. Caes – Maj a Consillis
vixit Anno MDCXX.

Grabstätte der Barone Wolzogen in Neuhaus. Hier liegt der erlauchte Herr, Herr Johannes Christoph Wolzogen, Freiherr in Neuhaus und Arnstein vom Rat seiner Heiligen kaiserlichen Majestät.
Er lebte bis zum Jahre 1620.

Der Marmordeckel wird im neu geschaffenen Vorraum an der Wand angebracht und ist so für alle Besucher zu sehen. Kreuzwegbilder und Herz-Jesu-Statue kamen nach der Renovierung 1971/72 nicht mehr in die Kirche zurück (MADER, 171) und wurden damals im Pfarrhof gelagert. Nun werden sie gemeinsam mit der Marienstatue und dem Altarbild restauriert und bekommen wieder ihren fixen Platz in der renovierten Kirche.

Abb. 34: Reinigungsaktion nach Innenrenovierung der Kirche

Abb. 35: Das Altarbild kommt von der Restaurierung zurück.

Das Altarbild zeigt den Hl. Johannes Nepomuk, dem unsere Kirche geweiht ist. Der Maler sowie die Zeit der Entstehung und die Herkunft des Bildes sind nicht bekannt. 1908 wurde es restauriert. Beim Brand 1945 erlitt es diverse Beschädigungen. 1958 wurde es vom akademischen Malerehepaar Hugo und Emma Matzenauer, Flüchtlinge aus Ungarn, um öS 1.500.- restauriert (vgl. NEUHAUSERISCHES KIRCHEN PROTHOCOL, 18, 40).

Jeden Sonntag nach dem Gottesdienst in der Notkirche wird die Pfarrkirche aufgesperrt und man kann den Fortschritt der Restaurierungsarbeiten verfolgen.

Abb. 36–38: Hochaltar, Herz-Jesu-Statue und ein Kreuzwegbild nach der Restaurierung
(Fotos Reinhard Helmer)

Orgel

Die Orgel wurde 1891 von Johann Marcell Kauffmann gebaut. Im Jahr 2003 wird der Orgel-sachverständige Prof. Mag. Dr. Karl Schütz mit einer genauen Prüfung der Orgel beauftragt. Das Gutachten ergibt, dass sie zu den Standardwerken der Fa. Kauffmann gehört und nur mehr wenige Exemplare davon in derart unveränderter Form erhalten sind. Es handelt sich um ein sehr solid aus-geführtes Klangdenkmal mit guten Klangeigenschaften. Das Instrument ist erhaltenswert, sollte aber dringend überholt werden (vgl. SCHÜTZ, Prüfbericht). In Zusammenarbeit mit dem Referat für Kir-chenmusik der Erzdiözese Wien wird nach einer Ausschreibung die Fa. Niemeczek aus Pressbaum mit der Restaurierung der Orgel beauftragt. Sie wird zu Beginn der Kirchenrenovierung abgebaut und in die Orgelwerkstatt gebracht. Nach Abschluss der Bauarbeiten und Reinigung der Kirche kommt die restaurierte Orgel Ende November 2005 wieder an ihren Platz zurück.

Abb. 39–41: Die Orgel wird abgebaut und renoviert. (Fotos Robert Niemeczek)

Abb. 42: Die Orgel ist renoviert.
(Foto Reinhard Helmer)

Am 17. Dezember 2005 übersiedelt man den Volksaltar wieder in die Pfarrkirche und es wird eine Lautsprecheranlage installiert. Die Christmette 2005 ist ein Ereignis, das die Kirche schon jahrelang nicht mehr erlebt hat. Mit Fackeln und Laternen kommen Neuhauserinnen und Neuhauser auf den Burgberg. Obwohl das Altarbild noch fehlt, wird es die seit langem schönste und feierlichste Mette in der Kirche in Neuhaus.

Der Pfarrgarten wird zum Rosengarten

Für das Anlegen des Pfarrgartens wird ein Gestalter des Landes Niederösterreich einbezogen. Den Pfarrgarten umgibt eine Burgmauer mit 13 Rundbogenfenstern und einem Tor. Der Pfarrgemeinderat einigt sich auf ein Konzept mit möglichst frei verfügbarer Wiesenfläche. Diese soll für unterschiedliche Anlässe nutzbar sein. Im Mai 2005 wird in Eigenregie mit vielen freiwilligen Helfern der Pfarrgarten grob planiert, entlang der Außenmauern ein Weg gemacht und darunter Elektro- und Wasserleitungen verlegt. Bis Ende August dient der Platz als Zwischenlager für Baugeräte und Baumaterial. Danach wird Erde verteilt und der Rasen aufgebracht. Die Fenster in der Burgmauer werden mit Gittern aus Schmiedeeisen abgesichert. Das Material dafür stammt aus einer Alteisensammlung und der „Haus-schlosser" fertigt diese unentgeltlich an. Rosen werden gepflanzt, und so wird der ehemalige Pfarrgarten zum „Rosengarten".

Abb. 43–49: Der Pfarrgarten wird zum Rosengarten.

Fertigstellung der Kirche und neuer Volksaltar

Im Jahr 2006 wird die Außenfassade der Kirche erneuert und neu gestrichen. Der neu geschaffene Eingang beim Kirchturm bekommt ein Vordach aus Kupfer, gestaltet in Anlehnung an den Zwiebelturm der Kirche.

Der Innenbereich der Kirche ist auf Hochglanz restauriert, nur die alte Ausstattung im Altarraum passt nicht mehr dazu. Der Pfarrgemeinderat entscheidet, diese zu erneuern: Volksaltar, Ambo (Lesepult) und Sessio (Sitzplatz für den Priester und 2 Ministranten) sollen neu angeschafft werden. Dazu sind wieder intensive Gespräche mit dem Diözesankonservatorium erforderlich. Gerade für einen Altar, den zentralen Teil in einer Kirche, gelten ganz besondere Bestimmungen. Auf Basis der gemeinsam entwickelten Anforderungen und Wünsche startet am 6. Dezember 2005 eine Ausschreibung. Nach den Präsentationen der Angebote und eingehender Beratung im Pfarrgemeinderat fällt am 30. Jänner 2006 die Entscheidung zugunsten des Projektvorschlages von Bildhauer Joachim Hoffman. Die Kirche bekommt einen neuen Volksaltar, der sich zusammen mit dem ebenfalls neuen Ambo gut in den historischen Kirchenraum einfügt. Die ovale Altarplatte aus schwarzem Marmor wird von zwei Glasblöcken getragen. Der Fuß des Ambos

Abb. 50–52: Renovierung Kirche außen

ist ebenfalls aus Glas und das Pult aus schwarzem Marmor. Die künstlerische Gestaltung aus Glas und schwarzem spanischem Marmor entspricht zeitgenössischer Kunst und stellt auch einen Bezug zur ehemaligen Spiegelfabrik her.

Abb. 53: Hauptaltar nach der Restauration (Foto Reinhard Helmer)

Abb. 54: Neuer Volksaltar und neuer Ambo (Foto Reinhard Helmer)

Altarweihe und Fest am 10. September 2006

Unter dem Leitspruch „Gott ist das Licht" wurde die Kirche hell und freundlich gestaltet. Den krönenden Abschluss der Kirchenrenovierung und der gesamten Bauphase seit 2003 bildet die Altarweihe am 10. September 2006. Kardinal Christoph Schönborn, Erzbischof von Wien, hat zur Freude aller Beteiligten zugesagt, die Weihe vorzunehmen. Gemeinsam mit dem Zeremonienmeister der Erzdiözese wird der Ablauf genau festgelegt. Kardinal Schönborn wird mit allen Ehren und auch Fanfaren im Burghof willkommen geheißen. Der Kirchenchor Maria Raisenmarkt übernimmt die wunderbare musikalische Gestaltung der hl. Messe. Viele Neuhauserinnen und Neuhauser sind in diese Feier eingebunden und nehmen aktiv an der Zeremonie teil. Der Altar wird geweiht und dabei mit Chrisamöl gesalbt. Nach dem Festgottesdienst spielt die Musikkapelle Heiligenkreuz zum gemütlichen Teil der Feierlichkeiten im neuen Rosengarten. Die Freiwillige Feuerwehr und das Volksbildungswerk Neuhaus übernehmen die Bewirtung. Es gibt strahlenden Sonnenschein an diesem Tag, ein schönes Fest und einen wunderbaren Abschluss der intensiven Arbeiten der letzten Jahre.

Abb. 55–57: Weihe des neuen Volksaltars durch Kardinal Schönborn

Kirche und Burg im Herbst 2006

Mit viel persönlichem Einsatz des Pfarrgemeinderates und engagierten Helfern sowie mit großer Unterstützung durch die Erzdiözese Wien, mit Subventionen vom Land NÖ, Bund und Gemeinde Weissenbach konnten die pfarrlichen Gebäude gut adaptiert und ausgebaut werden. Mit Abschluss der Renovierung hat die Pfarre nun eine schöne Kirche, einen gemütlichen Pfarrsaal und einen einladenden Rosengarten. Eine gute Ausgangssituation für die Gestaltung des Pfarrlebens ist geschaffen, ein wichtiger Meilenstein erreicht.

Abb. 58–62: Kirche, Rosengarten und Pfarrsaal 2006

Der Pfarrsaal und der Rosengarten stehen auch für weltliche Anlässe zur Verfügung. Zunehmend beliebter wird die Burg Neuhaus für kirchliche und standesamtliche Trauungen, Hochzeits- und Geburtstagsfeiern sowie Konzerte und Sitzungen. Die Burg Neuhaus wird als Außenstelle des Standesamtes Pottenstein geführt. Für Planung, Vorbereitung und Bewirtung steht das Burgteam hilfreich zur Seite.

Die alte Burg

Unbeantwortet ist noch die Frage zur weiteren Vorgangsweise bezüglich der Hochburg. Zum Thema Verkauf gibt es, wie im Jahr 2003 von der Erzdiözese Wien zugesagt, weiterhin keine Aktivitäten. Aber die Pfarre hat noch zu zeigen, wie sie die Burg mit Leben füllen und erhalten kann. Die Pfarrgemeinderäte und eine wachsende Gruppe von Bürgern in der Pfarre zeigen großes Engagement dafür.

Parallel zu den Renovierungsarbeiten für den Pfarrsaal, den Rosengarten und die Kirche wird schon Anfang 2004 damit begonnen, in zahlreichen Arbeitseinsätzen auf der Hochburg den Wildwuchs zwischen und an den Gemäuern zu entfernen und Gerümpel zu entsorgen. Die freigelegten Mauern und Mauerreste mit vielen lockeren Steinen geben einen ersten Einblick in die Beschaffenheit der alten Bausubstanz.

Abb. 63–67: Dichter Bewuchs auf der Burg mit brüchigem Mauerwerk (Sammlung Müller)

Abb. 68 und 69: Erste Arbeiten auf der Hochburg und im G'wölb

Vorprojekte, Studien und Vision für die Burg

Im Jahr 2005 startet die Gemeinde Weissenbach die Initiative „Gemeinde21", ein Projekt des Landes Niederösterreich zur nachhaltigen Gemeindeentwicklung. Das inzwischen entstandene Team Burg Neuhaus schließt sich an und bald wird in diesem Rahmen auch eine eigene Projektgruppe „Burg Neuhaus" gebildet. Diese Gruppe trifft sich mehrmals mit guter Beteiligung interessierter Gemeindebürger, um Ideen für die weitere Entwicklung der Burg zu sammeln. Dabei werden auch die Ergebnisse einer Diplomarbeit eines angehenden Architekten aus dem Jahre 2003 in die Diskussion mit einbezogen.

Abb. 70–72: Eine Projektgruppe einer HTL in Wien erarbeitet Nutzungsideen für die Burg.

Auf Initiative der Projektgruppe arbeiten im Schuljahr 2006/2007 vierzig Schüler der Camillo Sitte Lehranstalt in Wien (einer HTL) an möglichen Ausbauvarianten der Burg und liefern ebenfalls neue Vorschläge. Im Laufe dieser Arbeit ist auch Sabine Daxberger mit Kameraleuten vom ORF Niederösterreich zu Aufnahmen auf der Burg. Es entsteht ein beachtenswerter Beitrag, der am 29. November 2006 in „Niederösterreich heute" ausgestrahlt wird. In mehreren Sitzungen und in vielen Einzelgesprächen hinterfragt und bewertet die Projektgruppe „Burg Neuhaus" alle vorhandenen Ideen und einigt sich schlussendlich auf einen Entwurf für ein Nutzungskonzept auf Basis einfacher Skizzen.

Abb. 73: Sitzung der Gemeinde21 Projektgruppe „Burg Neuhaus"

Eine Vision für die Erhaltung der Burg bildet sich heraus: *Der im Besitz der Pfarre Neuhaus stehende Teil der Burg soll nicht verkauft, sondern revitalisiert, zur Belebung der Region öffentlich zugänglich gemacht und für private, kulturelle und touristische Aktivitäten genutzt werden können. Ein Gesamtkonzept soll gefunden werden, welches sich stufenweise umsetzen lässt. Die Erhaltung soll aus der Nutzung heraus finanziert werden und eine sinnvolle Ergänzung zum vorhandenen Angebot im Ort und in der Gemeinde darstellen.*

Die Burg soll also nicht verkauft werden. Schließlich gehört sie zu den ältesten Gebäuden der Region mit einer sehr wechselvollen Geschichte seit dem 13. Jahrhundert. Ein Ort mit vielen konkreten Bezügen zu unserer Geschichte und unseren Vorfahren. Dieses Kulturjuwel sollte öffentlich genutzt werden und vielen Menschen zugänglich sein.

Für die Pfarre allein erscheint dieses Ziel nur sehr schwer erreichbar. In Abstimmung mit der Erzdiözese wird daher versucht, die Gemeinde als Partner für die Revitalisierung der Burg zu gewinnen. Ab dem Frühjahr 2006 gibt es dazu Gespräche mit der Erzdiözese und dann auch mit der Gemeinde. Es wird versucht, die Einbindung der Gemeinde auf Basis eines langfristigen Baurechtsvertrages zu erreichen. Entwürfe für so einen Vertrag werden erstellt und besprochen.

3-Säulen-Modell

Das vom Burgteam erarbeitete Konzept sieht ein „3-Säulen-Modell" vor:

- Einen Masterplan für den langfristigen Ausbau und die nachhaltige Nutzung der Burg,
- einen Baurechtsvertrag, welcher der Gemeinde das Baurecht im Rahmen des Masterplanes gibt und
- einen Verein, der die Umsetzung der Maßnahmen und die anschließende Nutzung organisiert. Die Vereinsleitung soll aus Vertretern der Gemeinde und der Pfarre bestehen.

Im Oktober 2007 reicht die Pfarre in Zusammenarbeit mit der Gemeinde beim Land Niederösterreich ein Projekt „Masterplan" ein. Auf Basis des vorliegenden Entwurfes zum Nutzungskonzept soll ein professioneller Masterplan entstehen, samt Phasenplan mit zeitlichen Prioritäten und Kostenschätzungen für die Einzelprojekte. Die Einzelprojekte sollen entsprechend diesem Plan in den folgenden Jahren je nach Budgetsituation und Kapazität der Projektgruppe umgesetzt werden. Für den Betrieb soll ein noch zu gründender „Burgverein" sorgen. Das eingereichte Projekt trifft auf Zustimmung beim Land NÖ und wird am 15. Jänner 2008 im Rahmen eines Festaktes im Landhaus St. Pölten mit einem Preis ausgezeichnet.

Abb. 74: Pfarreinführung 2007. (v.l.n.r.): Bischofsvikar P. Amadeus Hörschläger OCist, Diakon Dr. Stefan Krummel, Br. Karl-Heinz Wiegand Sam. FLUHM als Pfarrer und Br. Raphael Peterle Sam. FLUHM als Kaplan

In dieser Zeit gibt es wieder einen Wechsel in der Seelsorge. Der Orden der Herz-Jesu-Priester wird durch den Orden der Brüder Samariter abgelöst (voller Name: Brüder Samariter der Flamme der Liebe des Unbefleckten Herzens Mariens; abgekürzt: Sam. FLUHM). Am 12. September 2007 übergibt Pater Christoph Cinal SCJ die Betreuung der Pfarre Neuhaus an Pater Karl-Heinz Wiegand Sam. FLUHM.

Beachtenswerten Input für das Projekt bekommt die Burginitiative 2008 von einem pensionierten Architekten. Ihm wird nach einem Ausflug auf die Burg und zufälligem Gespräch mit gerade anwesenden Mitgliedern des Burgteams die Revitalisierung der Burg ein Anliegen. Es entstehen diverse professionelle Skizzen und viele wertvolle Ideen. Ende April 2008 kommt die traurige Nachricht, dass der Ideengeber leider überraschend verstorben ist, nachdem eine vielversprechende Zusammenarbeit gerade erst im Entstehen war. Seine Ideen leben weiter und die Gruppe wird Herrn Architekten Ortner immer in dankbarer Erinnerung behalten.

Es sammeln sich die Ideen sowohl zum möglichen Ausbau der Burg als auch zum organisatorischen Rahmen. Es gibt aber auch immer wieder die sehr verständliche Frage nach der Sinnhaftigkeit und Finanzierbarkeit einer Revitalisierung. Kann das Ganze von Dauer sein? Kann ein Konzept gefunden werden, welches die nachhaltige Erhaltung der Burg finanzieren kann? Wie sollte so ein Konzept aussehen? Und was müsste dafür auf der Burg geschaffen werden?

Machbarkeitsstudie

Im Sommer 2008 entsteht im Rahmen der Gemeinde21 Projektgruppe „Burg Neuhaus" die Idee und Möglichkeit, bei der LEADER Region Triestingtal eine Machbarkeitsstudie einzureichen. LEADER ist die Kurzbezeichnung eines Förderprogrammes der Europäischen Union für den ländlichen Raum. Die Region Triestingtal ist seit 2007 eine LEADER-Region. Die Machbarkeitsstudie soll Antworten auf obige Fragen finden. Der Antrag wird genehmigt, die Studie wird zu einem Großteil von LEADER gefördert. Zusätzlich gibt es auch eine Förderung von der Gemeinde, und der Rest wird aus Eigenmitteln der Pfarre finanziert. In einer Ausschreibung wird ein geeignetes Beratungsunternehmen ausgewählt und mit der Studie beauftragt. In vielen Gesprächen und Sitzungen werden alle bisherigen Ideen eingearbeitet und verwertet. Eine vorläufige Version der Studie liegt 2009 vor, im Juni 2010 ist die Machbarkeitsstudie Burg Neuhaus fertig (vgl. MACHBARKEITSSTUDIE).

Bau(alters)Forschung

Parallel zur Machbarkeitsstudie wird im Mai 2009 auf Initiative des Bundesdenkmalamtes vom Bauamt der Erzdiözese Wien eine Bauforschung beauftragt. Diese soll als Basis für Entscheidungen des Bundesdenkmalamtes zu möglichen baulichen Veränderungen herangezogen werden (vgl. BAUFORSCHUNG). Die Ergebnisse werden in den Empfehlungen der Machbarkeitsstudie berücksichtigt und werden in diesem Buch im Kapitel 1 ausführlich dargestellt.

Parkplatzsituation

Bereits bei den ersten Veranstaltungen auf der Burg zeigt sich so wie bei vielen Begräbnissen oder Hochzeiten, dass auf der Burg und auch am Fuße der Burg nur sehr wenige Parkplätze vorhanden sind. Das Thema wird daher schon in einer frühen Phase mit der Erzdiözese und der Gemeinde aufgegriffen. Auch die Machbarkeitsstudie regt an, für mehr Parkplätze auf oder bei der Burg zu sorgen. Auch wäre es wünschenswert, in den Rosengarten der Burg eine größere Bühne für Freilicht-Veranstaltungen anliefern zu können. Über die Zufahrt vom Friedhof her ist das aufgrund der geringen Höhe des Torbogens nicht möglich. Mehrere Varianten für eine Zufahrt zur Burg vom Süden her und die Schaffung von Parkplätzen südlich der Kirche neben dem Friedhof werden daher geprüft. Die Bemühungen des Burgteams haben jedoch bei den Behörden zumindest bis heute keinen Zuspruch gefunden. Falls es in Zukunft dafür doch eine Lösung geben sollte, wäre das aus Sicht des Burgteams ein großer Mehrwert für die Kirchenbesucher, für den Friedhof insbesondere bei Begräbnissen und besonders auch für die Nutzung des neuen Veranstaltungszentrums in der alten Burg.

Stand der Dinge im Sommer 2010

Bis hierher wurden viele Ideen und Konzepte gesammelt und geprüft und auch wichtige Entscheidungen sind gefallen. Die Machbarkeitsstudie liefert Ergebnisse, aufgrund derer eine kulturelle und touristische Nutzung der alten Burg sinnvoll und nachhaltig möglich erscheint. Manche Zielsetzungen wie zum Beispiel die Schaffung von Parkplätzen und einer besseren Zufahrtsmöglichkeit waren bisher nicht umsetzbar. Weiters hat sich im Laufe der Gespräche zu den Themen Baurechtsvertrag und übergreifender Verein ergeben, dass sich die Gemeindeführung nicht auf eine derartige Verpflichtung einlassen möchte. Die Machbarkeitsstudie liefert ein konkretes Nutzungskonzept mit einem Entwurf, was wo auf der Burg entstehen könnte, und fügt auch eine Grobschätzung der Investitionskosten an. Das Projekt ist in vollem Umfang in einem Schritt nicht finanzierbar. Dennoch gibt die Studie Zuversicht und klare Orientierung für den weiteren schrittweisen Ausbau der Burg. Die Machbarkeitsstudie bildet den groben Rahmen für die Revitalisierungsschritte der kommenden Jahre.

Verein Burg Neuhaus

Im Herbst 2010 wird von jenen Leuten, die bisher bereits Feste, Feiern, Konzerte und Hochzeiten auf der Burg organisiert und betreut haben, ein Verein gegründet: Der „Verein Burg Neuhaus" entsteht. Er hat derzeit ca. 100 Mitglieder.

Zum Vereinszweck ist in den STATUTEN Folgendes zu lesen:

„Revitalisieren und nutzbar Machen der Burg Neuhaus für Bewohner und Besucher der Gemeinde. Auf der Burg soll ein Kommunikationszentrum für unsere Gemeinde entstehen, welches für alle Aktivitäten offen ist … Fördern und Betreiben von kulturellen Aktivitäten auf der Burg … Nutzung der Burg durch Vermieten von geeigneten Bereichen für Feste und Feiern an Privatpersonen und Firmen".

Die weitere Revitalisierung der Burg

Die Ergebnisse der Machbarkeitsstudie und das darin enthaltene Nutzungskonzept bilden einen Rahmen für die weiteren Revitalisierungsschritte.

1. Belebung der Burg durch regelmäßige Veranstaltungen und Vermietungen in jenen Bereichen, die bereits nutzbar sind.
2. Etappenweises Festlegen der Entwicklungsschritte in Abstimmung mit Erzdiözese und Bundesdenkmalamt.
3. Revitalisierung der Burg in kleinen Schritten, je nach den jährlich zur Verfügung stehenden Eigenmitteln, das sind im Wesentlichen die Einnahmen und Spenden aus Veranstaltungen, die Mitgliedsbeiträge für den Verein und die gewährten Subventionen von Erzdiözese, Gemeinde, Land und Bund.

Das Ziel- und Maßnahmenkonzept wird mit dem Bauamt und dem Rechtsamt der Erzdiözese Wien, dem Bundesdenkmalamt und der Gemeinde Weissenbach besprochen. Es herrscht Einvernehmen über die Ausrichtung. Die Detailschritte sind jeweils gemeinsam festzulegen. Erzdiözese und Gemeinde stehen dem Konzept grundsätzlich positiv gegenüber. Finanzielle Unterstützung wird in Aussicht gestellt.

Die Einzelprojekte bis zur Errichtung des Veranstaltungszentrums im Nordtrakt der alten Burg werden im nachfolgenden Kapitel dieses Buches dargestellt.

Literatur

BAUFORSCHUNG, Bericht zur Bauforschung auf Burg Neuhaus, Marktgemeinde Weissenbach an der Triesting (Niederösterreich), Ralf Gröninger M.A., Frankfurt am Main, Juni 2009

MACHBARKEITSSTUDIE, Burg Neuhaus (NÖ), Machbarkeitsstudie, Bericht, Dr. Wolfgang Sovis CMC, Juli 2009, mit Ergänzungen im Juni 2010

SCHÜTZ, Prof. Mag. Dr. Karl, Orgel der Pfarrkirche Neuhaus a.d. Triesting (N.Ö.), Prüfbericht GZ 8110/1/2000, Oktober 2003

STATUTEN, Statuten Verein Burg Neuhaus

NEUHAUSERISCHES KIRCHEN PROTHOCOL, aus der Kurrentschrift in Druckschrift übertragen von Ing. Josef Müller und Josef Gober, 2003–2006

Kapitel 6

DIE WIEDERBELEBUNG DER ALTEN BURG – RESTAURIERUNGSGESCHICHTE

Franz Gober

In den Jahren 2003 bis 2006 erfolgte die Generalsanierung der Kirche, des Pfarrsaals im Erdgeschoß des Pfarrhofes und des Pfarrgartens. Mit großem Einsatz von Pfarrmitgliedern konnte in enger Zusammenarbeit mit der Erzdiözese Wien und dem Bundesdenkmalamt eine gute Basis für ein neues Pfarrleben geschaffen werden. Die einzelnen Schritte dieser Renovierungsphase sind im vorhergehenden Kapitel beschrieben.

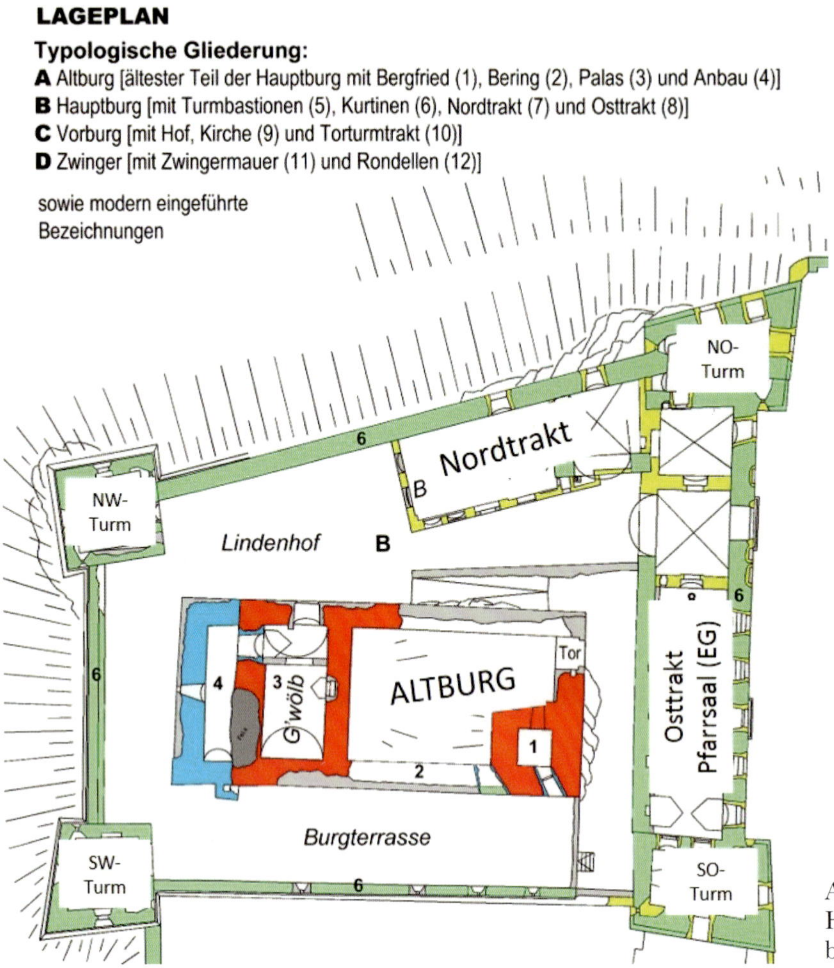
LAGEPLAN
Typologische Gliederung:
A Altburg [ältester Teil der Hauptburg mit Bergfried (1), Bering (2), Palas (3) und Anbau (4)]
B Hauptburg [mit Turmbastionen (5), Kurtinen (6), Nordtrakt (7) und Osttrakt (8)]
C Vorburg [mit Hof, Kirche (9) und Torturmtrakt (10)]
D Zwinger [mit Zwingermauer (11) und Rondellen (12)]
sowie modern eingeführte Bezeichnungen
NO-Turm
Nordtrakt
NW-Turm
Lindenhof
B
ALTBURG
Tor
G'wölb
Osttrakt
Pfarrsaal (EG)
Burgterrasse
SW-Turm
SO-Turm
1
2
3
4
6

Abb. 1: Bezeichnung der Hauptbereiche in der Hauptburg (Hochburg)

Die ersten Arbeiten in der alten Burg – Wildwuchs der Pflanzen beseitigen

Begleitend zur Kirchen- und Pfarrsaalrenovierung wird bereits Anfang 2004 begonnen, den Wildwuchs von Unkraut und Sträuchern in der Hauptburg zu lichten oder zu entfernen. Auch einige große Bäume müssen gefällt werden, da sie den alten Gemäuern schaden und einer Renovierung im Wege stehen. Der damals so genannte „Stadl" im Nordtrakt wird von Schutt und Unrat befreit. Offene Fenster- und Türöffnungen werden provisorisch geschlossen. Im sogenannten G'wölb unter der Altburg, welches zu den ältesten Bereichen der Burg gehört, wird Schutt und Müll entfernt, der offene Kamin saniert und der Lehmboden mit alten gebrannten Ziegeln ausgelegt. Die Ziegel stammen aus Abbruchmaterial der Umgebung und wurden vorher in mühevoller Kleinarbeit von freiwilligen Helfern abgeklopft und auf die Burg transportiert. Das Freigelände in der Burg rund um die Mauern der Hochburg wird mit geborgten Baumaschinen so geräumt und abgesichert, dass ein erster Teil davon für Veranstaltungen wie das G'wölbfest und den Adventmarkt genutzt werden kann.

Abb. 2–4: Stark bewachsene Hochburg, Efeu an den Mauern

Abb. 5 und 6: Stark bewachsene Hochburg, Efeu an den Mauern

Abb. 7: Bäume und viel Gestrüpp wurden entfernt.

Abb. 8 und 9: Der Nordtrakt wird geräumt (Bereich der heutigen WC-Anlagen im Erdgeschoß).

Die Schwerpunkte nach der Kirchenrenovierung

Nach Fertigstellung der Kirche ab Mitte 2006 verlagert sich der Schwerpunkt der Arbeiten des Burgteams auf zwei Bereiche:

Einerseits wird begonnen, die neu geschaffenen Pfarrbereiche nicht nur für kirchliche, sondern auch für weltliche Anlässe zu nutzen. So werden Pfarrgarten und Pfarrsaal für Hochzeitsfeste und Geburtstagsfeiern vermietet und Konzerte organisiert. Das erste „G'wölbfest" in der Burg wird am 18. Juni 2005 gefeiert. Den ersten Adventmarkt in der Burg gibt es am 1. und 2. Dezember 2007. Durch

Abb. 10: Erstes G'wölbfest auf der Burg

den großen Zuspruch finden diese beiden Veranstaltungen in der Folge Jahr für Jahr statt. Sie werden immer weiter ausgebaut und zu einer wichtigen Einnahmequelle für die Revitalisierung der Burg.

Andererseits werden in der Burg jene Renovierungsarbeiten in Angriff genommen, die in Eigenleistung mit nur sehr geringem finanziellem Aufwand auskommen. Schließlich müssen die Verantwortlichen in der Erzdiözese erst überzeugt werden, dass die Pfarre auch aus Eigenem in der Burg etwas bewegen kann. Erst dann kann mit weiteren Subventionen seitens der Erzdiözese gerechnet werden.

Im Jahr 2007 wird das Obergeschoß des Pfarrhofes in Vorbereitung auf den Adventmarkt ausgeweißt. Weiteres Gestrüpp von der Hochburg und auch von den außerhalb liegenden ehemaligen Gärten wird entfernt. An der Steinmauer beim Aufgang zur Hochburg werden gefährlich wackelige Steine befestigt und fehlende ersetzt. Es geht auch an die Grobsanierung des Nordwest-Turmes beim Lindenhof. Der Boden und das darunterliegende, brüchig gewordene Gewölbe werden befestigt und danach die teilweise sehr desolaten Außenmauern des Turmes saniert.

Abb. 11: Obergeschoß ausweißen

Abb. 12: Gestrüpp von der Hochburg entfernen

Abb. 13: Gestrüpp von der Hochburg entfernen

Abb.14: Aufräumen mit Hoftruck

Abb. 15 und 16: Der Fußboden des Nordwest-Turmes wird geräumt und befestigt.

Abb. 17 und 18: Die Mauer beim Zugangsbereich zur Hauptburg muss befestigt werden.

Im Jahr 2008 bekommt der Nordwest-Turm ein innenliegendes Flachdach. Das wird den Anforderungen des Denkmalschutzes gerecht, da die Außenansicht unverändert bleibt. Damit kann der Turm für die Bewirtung bei Veranstaltungen oder als Lagerraum genutzt werden.

Abb. 19 und 20: Der Nordwest-Turm bekommt ein Dach.

Es gibt auch wieder einen großen Einsatz mit geliehenen Baumaschinen. Die Burgterrasse (oberer Burggarten) wird geebnet und bekommt frische Erde sowie einen neuen Rasen. Ab dem folgenden Jahr kann sie bereits beim G'wölbfest genutzt werden. Von dort aus bietet sich ein wunderbarer Blick auf die Kirche und nach Süden Richtung Weissenbach. Zur Freude und Motivation der Beteiligten gibt es erstmals auch für die Renovierungsarbeit in der alten Burg eine Subvention der Gemeinde.

Abb. 21–26: Die Burgterrasse wird kultiviert.

Aufgrund der steigenden Besucherzahl auf der Burg wird ein Zugangsweg von Süden her angelegt, der Nepomuksteig, von der Hochstraße weg durch das inzwischen angekaufte kleine Waldgrundstück südlich der Kirche und der Burg. Der Weg mündet direkt bei der Kirche in den Burghof und wird auch von Kirchenbesuchern und Spaziergängern gerne benutzt. Manche Ortsbewohner können sich noch erinnern, dass an dieser Stelle bereits früher ein Gehweg bestanden hat.

Abb. 27–29: Ein Zugangsweg zur Kirche von Süden her wird angelegt.

Ebenso im Jahr 2008 wird das Kreuz gespendet, das an der Außenwand der Kirche zum Burghof angebracht ist. Es dient bei den Fronleichnamsprozessionen als Hintergrund für einen Altar.

Abb. 30: Weihe des neuen Kreuzes an der Kirche

Abb. 31 und 32: Efeu von der Burgmauer entfernen – nicht immer geht es so effizient.

Machbarkeitsstudie und Bauforschung

2009 ist ein Jahr der Weichenstellungen, geprägt durch die zum Ende des vorigen Kapitels erwähnte Machbarkeitsstudie der Jahre 2008–2010. Die Mitarbeit an der Studie und die damit verbundene Organisationsarbeit für die Sicherstellung der LEADER/ecoplus-Förderung nehmen viel Zeit in Anspruch. Ebenso die Gespräche mit der Erzdiözese und der Gemeinde. Die Studie macht das Potenzial für eine Neubelebung der Burg sichtbar und es kommt zusätzliche Bewegung in das Revitalisierungsprojekt. Aufgezeigt werden erfolgversprechende Ausbau- und Nutzungsvarianten, die auch denkmalpflegerischen Kriterien genügen. Sie liefert hilfreiche Informationen und Empfehlungen, aber auch Antworten zu Fragestellungen wie:

1. Mit welchen Angeboten werden andere vergleichbare Burgen und Schlösser bewirtschaftet?
2. Welche konkreten Beispiele gibt es dafür?
3. Welches Angebot könnte für die Burg passen?
4. Welches Raumangebot müsste für eine erfolgreiche Vermarktung vorhanden sein?
5. Wie könnte das Raumkonzept für die Burg unter bestmöglicher Nutzung der vorhandenen Gebäudeinfrastruktur aussehen?
6. Wie ist die Preissituation vergleichbarer Angebote und welche Empfehlungen gibt es für die Preisgestaltung?
7. Wie wären Vermarktung und Betreuung zu organisieren?
8. Wie könnte die Ein- und Ausgabenrechnung für den laufenden Betrieb aussehen?

Die Studie gibt auch Grobschätzungen für erforderliche Investitionen. Ausgewiesen werden Bereiche wie Stiegenhaus, Veranstaltungssaal, Bergfriedsicherung, Fassaden, Herstellung von Parkplätzen und einer Zufahrt vom Süden sowie die Einrichtung für Küche und Saal.

Die Zielsetzung konkretisiert sich: Das bereits 2006 entstandene und seither immer größer gewordene Angebot für Hochzeiten, Geburtstagsfeiern, Konzerte, Theateraufführungen und Firmenfeiern im Pfarrsaal und im Rosengarten soll weiter ausgebaut werden. Die Infrastruktur im Bereich der Burg soll so gestaltet werden, dass die Hochburg unbetreut, das heißt ohne Betreuungspersonal der Burg, für Veranstaltungen gemietet werden kann.

Es wird rasch klar, dass die Umsetzung all dieser Maßnahmen in einem einzigen großen Projekt für die Pfarre kaum machbar ist. Es würde die finanziellen Möglichkeiten und auch die personellen

Kapazitäten bei weitem übersteigen. Offen sind ja auch viele Fragen zur Genehmigung durch die Behörden wie zum Beispiel Baubehörde, Bundesdenkmalamt oder Landschaftsschutz.

Die Umsetzung der Sanierungsmaßnahmen kann daher nur in kleinen Schritten erfolgen, abhängig von der Verfügbarkeit von Eigenmitteln, Subventionen, behördlichen Genehmigungen sowie zeitlicher Kapazität und Energie des Burgteams. Dabei bilden die Ergebnisse der Machbarkeitsstudie als „Masterplan" eine gute Vorlage für die einzelnen Revitalisierungsschritte. Investitionen sollen nur in solche Projekte getätigt werden, die sich in das Gesamtkonzept einfügen und die bestehende Bausubstanz bestmöglich nutzen.

Abb. 33–35: Heiraten und Feiern auf der Burg ab 2006

Projekt Mauerkronensanierung – viel Efeu an den lockeren Mauern

In der Folge wird für 2010 bei der Erzdiözese, der Gemeinde Weissenbach und über die LEADER Region Triestingtal beim Land NÖ um Förderung für ein Projekt „Mauerkronensanierung" eingereicht. Die Anträge werden positiv behandelt. Erzdiözese und Gemeinde stehen dem Engagement des Burgteams positiv gegenüber und unterstützen von da an die Projekte in der Burg Jahr für Jahr in Form von Subventionen. Alle Vorhaben werden mit dem Bauamt der Erzdiözese und dem Bundesdenkmalamt abgestimmt.

Abb. 36–39: Beginn der Mauer- und Mauerkronensanierung rund um die Altburg. Abbau von Efeu und lockerem Steinmaterial und Wiederaufbau der Mauer

Abb. 40–43: Sanierung der äußersten Westmauer

2010 werden die Mauerkronen rund um die Hochburg und die Außenmauern im Westen und Norden saniert. Zu Beginn wird in mühevoller Kleinarbeit durch das Burgteam und dessen Helfer der Efeubewuchs von den Mauern entfernt. Dicke Stämme und Wurzeln haben das Mauerwerk an vielen Stellen bereits tiefgehend gesprengt. Der gesamte Efeu, die Wurzeln und das lockere Steinmaterial werden von den Mauern heruntergearbeitet. Danach kommt der Baumeister und saniert das Mauerwerk.

Abb. 44–47: Sanierung der Westmauer der Altburg

Abb. 48–50: Sanierung der Mauern der Altburg im Bereich Lindenhof

2011 wird die Stützmauer beim Aufgang zur Hochburg endgültig saniert. Am Südwest-Turm wird im oberen Bereich eine Decke eingezogen, die Außenmauern werden befestigt und ein Aufgang mittels einer Stiege aus Lärchenholz hergestellt. Ein „Aussichtsturm" entsteht, der einen Rundblick in die Gegend erlaubt und sich bei Besuchern der Hochburg als attraktives Ziel erweist. Mit einem kostenlos zur Verfügung gestellten Autokran kann der Efeu an den Außenseiten des Südwest-Turmes und an der hohen Mauer zum Rosengarten in mehreren Arbeitseinsätzen entfernt werden.

Abb. 51 und 52: Dauerhafte Sanierung der Mauer beim Aufgang zur Hochburg

Abb. 53–56: Der Südwest-Turm wird zum Aussichtsturm (2010–2011).

Abb. 57: Entfernung des Efeubewuchses an der Außenseite des Südwest-Turmes mit Autokran

Die Mauern sind nun wieder fest und sicher. Der Freibereich der gesamten Burg und auch das alte G'wölb und der Aussichtsturm haben nun keine Gefahrenquellen mehr und sind sicher zu begehen. Die Nutzung des Freibereiches der Burg und des alten G'wölbs als Veranstaltungsstätten kann von der Baubehörde bewilligt werden. Ebenso wird die Bewilligung zum Ausschank bei Veranstaltungen erteilt.

Im Sommer 2011 finden erstmals Sommerspiele auf der Burg statt, und zwar in Zusammenarbeit mit dem Wiener Kulturverein „Prometheus – Theater und Kultur". Die Bühne ist im Rosengarten aufgebaut. Für das Kindertheater werden nicht nur die Bühne, sondern auch die sanierten Bereiche der alten Burg zur historischen Kulisse. Die Idee zu den Spielen hatte die Präsidentin des Vereins und Regisseurin Helene-Susanne Grohma, eine ehemalige Weissenbacherin.

400 Jahre Kirche Neuhaus

Am 9. September 2012 wird 400 Jahre Kirche Neuhaus gefeiert. Wieder nimmt Kardinal Christoph Schönborn die Einladung der Pfarre an und feiert mit ihr den Festgottesdienst. Der Kirchenchor Maria Raisenmarkt sorgt für die musikalische Gestaltung der hl. Messe. Beim

Abb. 58 und 59:
400 Jahre Kirche Neuhaus mit
Kardinal Schönborn

anschließenden Fest im Rosengarten spielt die Musikkapelle Heiligenkreuz. Volksbildungswerk und Feuerwehr Neuhaus versorgen die Gäste mit Speisen und Getränken.

Auch an der Burg wird 2012 weitergearbeitet. Im Sommer bekommt der barrierefreie Zugang zum Pfarrsaal ein für Rollstuhlfahrer geeignetes Geländer. Von der sehr hohen und schwer zugänglichen äußeren Westmauer entfernen freiwillige Kletterprofis an Seilen hängend den dort seit Jahren gewachsenen Efeu samt Wurzeln. Die baufällig gewordenen Rauchfangköpfe auf dem Dach des Pfarrhofes werden saniert. Auf der Hochburg wird das Steinmauerwerk des Ost-Turmes (ehemaliger Bergfried) befestigt und der Turm damit dauerhaft gesichert. Das unter der Altburg liegende G'wölb schützt man gegen eindringendes Wasser: Zuerst wird großteils in Handarbeit vorhandenes Material abgetragen, gesiebt und wieder eingeebnet. Danach wird ein

Abb. 60: Entfernung des Efeubewuchses an der äußeren Westmauer durch Kletterprofis

Flies aufgebracht und eine wasserdichte Folie aufgelegt. Ein zweites Flies und eine Schicht aus Kies bieten Schutz gegen Beschädigung.

Abb. 61 und 62: Sanierung der Rauchfangköpfe und des Bergfrieds

Befestigung Zugangsbereich zur Hochburg

Im Jahr 2013 liegt der Schwerpunkt beim Zugangsbereich zur Hauptburg, vom großen Zugangstor der Burg mit dem Eingangsgewölbe den Weg hinauf bis zum Obergeschoß des Pfarrhofs und zum Zugang zur Altburg. Ziel ist es, den Wegbereich so zu befestigen und zu entwässern, dass auch bei starkem Regen Schotter und Schlamm nicht mehr durch das Eingangsgewölbe geschwemmt werden. Damit der historische Charakter möglichst erhalten bleibt, wird die Sanierung der Mauern beim Zugangsbereich zur zentralen Altburg mit dem Bundesdenkmalamt geplant. Ebenso werden die Pflastersteine zur Befestigung der Fahr- und Gehbereiche nach Vorgaben des Bundesdenkmalamtes verlegt. Der Aushub erfolgt zwar mit Baumaschinen, jedoch ganz behutsam in Anwesenheit von Archäologen. Und tatsächlich werden dabei bisher nicht bekannte alte Mauerwerke sichtbar. Die Baggerarbeiten müssen eingestellt werden. Die Funde werden in den folgenden zwei Wochen in Kleinarbeit von den Archäologen händisch freigelegt, gesäubert, genau vermessen und mit Fotos dokumentiert (vgl. ASINOE).

Danach kann weitergearbeitet werden. Für künftig anzuschließende Bereiche werden vor der Pflasterung Wasser-, Kanal- und Stromleitungen eingebaut. Schließlich wird 2013 noch der Verputz im Einfahrtsgewölbe nach denkmalpflegerischen Vorgaben erneuert.

Abb. 63: Sanierung des Zugangsbereiches und Dokumentation von Funden durch Archäologen

Abb. 64: Montage des Geländers beim Zugang zum Obergeschoß

Nächster Schwerpunkt: Revitalisierung des Nordtraktes

Jedes Jahr werden im Pfarrgemeinderat gemeinsam mit Engagierten des Burgvereins die nächsten Schritte besprochen und festgelegt. Als Anhaltspunkt für die Überlegungen dient die Machbarkeitsstudie mit dem darin enthaltenen Masterplan. Dabei wird versucht, mit jedem Investitionsschritt zusätzliche Möglichkeiten für die Nutzung der Burg zu schaffen. Die Freibereiche in der Burg rund um die Hochburg stehen bereits für Veranstaltungen zur Verfügung. Das Obergeschoß des ehemaligen Pfarrhofes über dem Pfarrsaal hat nach wie vor nur eine in die Jahre gekommene Stromversorgung und keine Heizung. Es ist aber trocken und mit den im Jahr 2007 frisch geweißten Wänden für kleine Gruppenaktivitäten wie zum Beispiel Ministranten- oder Firmstunden nutzbar. Der Nordtrakt hingegen ist in einem desolaten Zustand: Der damals sogenannte Stadl hat keine Zwischendecke und die hohen Außenmauern haben Risse und sind statisch in einem bedenklichen Zustand. Im Bereich des Nordost-Turmes sind im Obergeschoß an der Außenfassade die Spuren der Granattreffer vom April 1945 noch immer zu sehen. Die drei Räume darunter im Erdgeschoß haben teilweise alte Gewölbedecken.

Stiegenhaus, Personenaufzug, Baubewilligung

Eine besondere Herausforderung besteht darin, in der Burg eine innenliegende Verbindung vom Erdgeschoß zum Obergeschoß herzustellen. Möchte man von unten nach oben, gibt es nur den Weg im Freien vom Haupttor zur Linde und dann den Weg hinauf zum Obergeschoß. Insbesondere bei Schlechtwetter oder Schneeglätte ist das unangenehm. Das ist der Ausgangspunkt für Gespräche mit hochrangigen Stellen des Bundesdenkmalamtes und des Bauamtes der Erzdiözese Ende 2013. Von allen Beteiligten wird erkannt, dass Pfarre und Verein mit der Revitalisierung der Burg auf einem guten Weg sind und dass eine regelmäßige Nutzung den dauerhaften Erhalt der Burg unterstützen würde. Weiters ist klar, dass eine innenliegende Verbindung zwischen Erd- und Obergeschoß ein wichtiger Bestandteil für ein gutes Nutzungskonzept wäre. Es wird auch betont, dass für eine angestrebte öffentliche Nutzung ein barrierefreier Zugang zum Obergeschoß herzustellen ist. Aufgrund der gegebenen Situation kann Barrierefreiheit nur durch den Einbau eines Personenaufzugs erreicht werden. Die Diskussion dreht sich also vorwiegend darum, wo im oder am Gebäude Stiegen bzw. ein Stiegenhaus und ein Personenaufzug positioniert werden könnten. Einige Planungsentwürfe in der Vergangenheit setzten sich schon mit dieser Aufgabenstellung auseinander. Die unterschiedlichen Ansätze werden diskutiert. Aus bautechnischer Sicht gibt es außen an bestehenden Gebäudeteilen mehrere Möglichkeiten für Stiegenhaus und Lift, zum Beispiel vom Rosengarten hinauf zum Obergeschoß der Burg. Damit würden Rosengarten, Pfarrsaal und Burg auf kurzem Wege miteinander verbunden werden. Diese Variante findet jedoch aus Sicht des Denkmalschutzes keine

Abb. 65: Gut erhaltenes Gewölbe, der künftige Eingangsbereich zum Burgsaal

Zustimmung. Die Außenansicht der Burg darf nicht verändert werden. Eine innenliegende Verbindung der Geschoße ist auch nur an wenigen Stellen sinnvoll, da Bestandsflächen im Obergeschoß und im Untergeschoß nicht unnötig stark zergliedert werden sollen. Es kristallisiert sich eine Lösung heraus, bei der im Bereich des Nordost-Turmes ein Teil eines alten, desolaten Gewölbes abzutragen wäre, um dort Stiegenhaus und Personenaufzug einbauen zu können. Diese Variante wird aus Sicht des Denkmalschutzes einer genauen Prüfung unterzogen. Die Entscheidung fällt erst nach genauer Dokumentation und Gegenüberstellung der übrigen aufgezeigten Planungsideen. Schließlich stimmt man folgender Lösung zu: Der Personenaufzug und das Stiegenhaus sollen in der Nähe des Haupttores der alten Burg beim Nordost-Turm entstehen. Damit werden vom Haupttor weg sowohl der neu zu restaurierende Nordtrakt als auch der Bestand im Osttrakt, also die Räume über dem neuen Pfarrsaal, auf kurzem Wege erschlossen. Nach Erstellung des Einreichplanes und Ansuchen um Baubewilligung gibt es am 24. Juni 2014 den positiven Bescheid von der Baubehörde.

Einreichplan für den Veranstaltungsbereich im Nordtrakt

Geplant sind ein vom Haupttor barrierefrei zu erreichender Eingangsbereich (Foyer), daran direkt anschließend WC-Anlagen, der Technikraum mit Heizung und das Stiegenhaus mit Personenaufzug, im Obergeschoß ein Mehrzwecksaal (Burgsaal) mit angrenzendem Schankbereich und eine Catererküche. Über dem Burgsaal soll keine Decke eingezogen werden, denn der Luftraum über dem Saal soll bis unter die zu noch dämmende Dachhaut reichen. Die Konstruktion des Dachstuhls soll verstärkt werden und im Saal sichtbar bleiben, um dem Raum eine ganz spezifische Charakteristik zu geben. Der Burgsaal bekommt zwei direkte Ausgänge zum Freibereich der Burg: einen an der Südseite des Saals über einen wiederherzustellenden Steg und an der Westseite einen zweiten Ausgang, der durch eine überdachte Zugangsstiege zum Lindenhof führt. Der gesamte Nordtrakt soll mit einer Gastherme im Technikraum beheizt werden.

Abb. 66–69:
Details vom Einreichplan für den
Veranstaltungsbereich im Nordtrakt

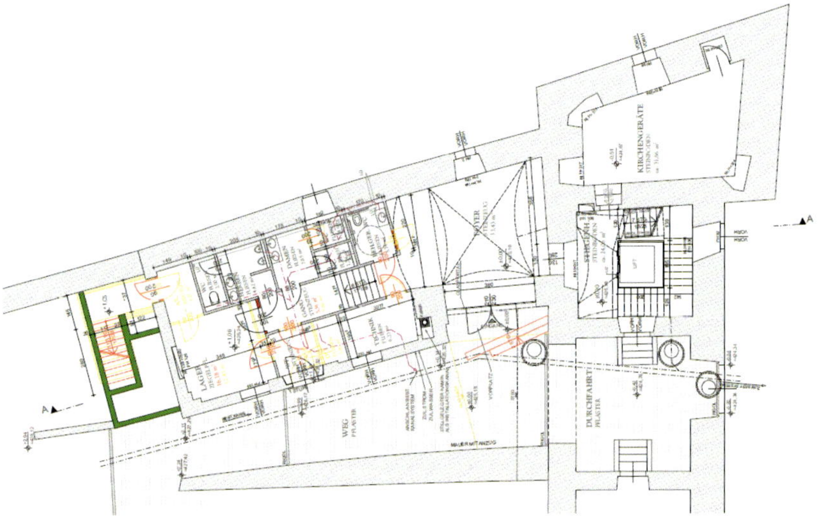

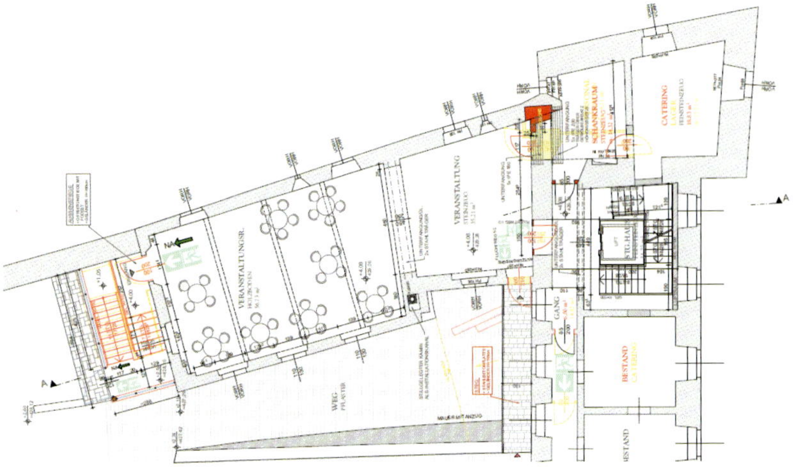

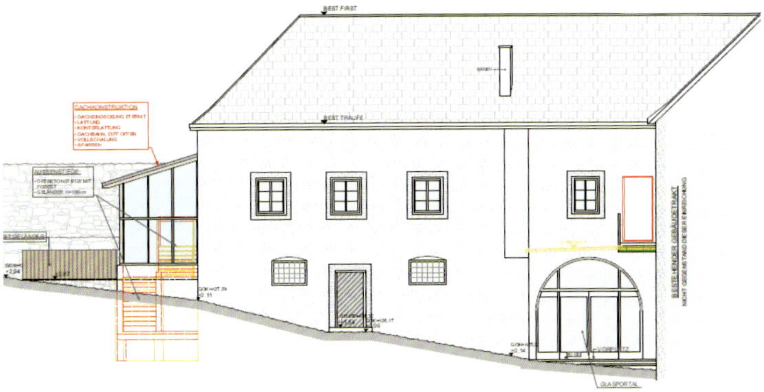

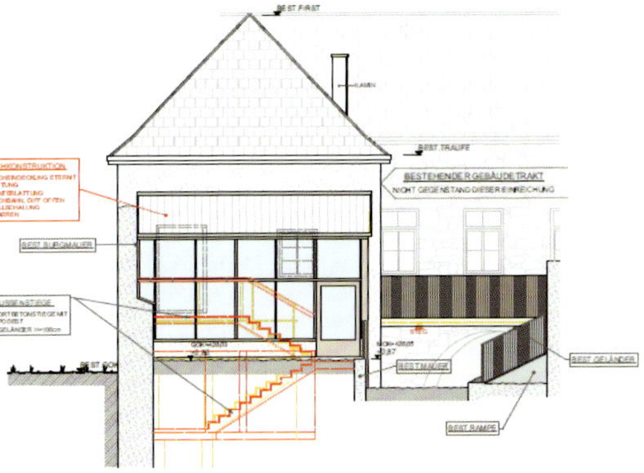

Grabarbeiten im Gebäudebereich mit Archäologen

Im Vorfeld der Baumeisterarbeiten werden in Eigenregie alle möglichen Abbrucharbeiten durchgeführt. Auch der Bodenabhub innerhalb des Gebäudes erfolgt in Eigenleistung mit einem kostenlos zur Verfügung gestellten Bagger. Die Grabarbeiten werden nach Vorgabe des Bundesdenkmalamtes wieder von Archäologen begleitet, und abermals gibt es mehrere Funde: So wird zum Beispiel der Rest einer alten Mauer freigelegt, die möglicherweise einmal Teil eines Wehrganges war, der die beiden Türme an der Nordseite der Burg miteinander verbunden haben könnte (vgl. BELLITTI 2013).

Ebenso werden weitere alte Mauerreste und das Fundament eines neuzeitlichen Kachelofens zusammen mit zahlreichen grün glasierten Kachelfragmenten gefunden und dokumentiert. Bei den Grabungen für das Fundament des Personenaufzuges gibt es keine nennenswerten Beobachtungen der Archäologen.

Abb. 70: Mauerrest eines alten Wehrganges (vgl. BELLITTI 2013)

Abb. 71: Das Fundament eines alten Kachelofens wird im Beisein eines Archäologen freigelegt.

Rohbauarbeiten im Nordtrakt ab Sommer 2014

Im Sommer 2014 beginnen die aufbauenden Arbeiten für den neuen Burgsaal: Zuerst werden Kanalrohre, Wasserleitungen, Gaszuleitung und Stromleitungen im Bodenbereich verlegt. Danach kommen eine Schotterschicht und der Unterbeton. Damit ist eine feste Unterlage für die anschließenden Arbeiten zur Errichtung der Zwischendecke zum Obergeschoß geschaffen. Nach Fertigstellung dieser Decke werden die bestehenden Maueröffnungen laut Plan adaptiert. Für die Errichtung des Stiegenaufgangs und des Personenaufzuges wird das Gewölbe so weit wie erforderlich entfernt. Immer wieder sind Einsätze des Burgteams und freiwilliger Helfer notwendig, um Schutt wegzuschaufeln oder auf der Baustelle halbwegs Ordnung zu halten.

Vom Burgsaal ist auch, wie bereits erwähnt, ein Ausgang zum Lindenhof vorgesehen, und bei den Grabarbeiten für die Außenstiege kommen direkt unter der obersten Erdschicht Mauern zu Tage. Möglicherweise

Abb. 72: Abgeschaufeltes Gewölbe vor dem Durchbruch für das Stiegenhaus und den Personenaufzug

haben diese früher zwei direkt an das Gebäude anschließende kleine „Räume" gebildet: Einen nördlichen direkt an der äußeren Burgmauer und einen südlich davon. In den obersten Schichten finden sich zahlreiche Tierknochen, Ofenkachel- und Keramikscherben. Erste Vermutungen gehen aufgrund der Größe und Form dahin, dass es sich um frühere Aborte handeln könnte. Solche Stellen haben in vergangener Zeit immer wieder zu interessanten Funden geführt, weil aus Aborten kaum jemand etwas wieder herausgeholt haben dürfte. Die Pfarre muss daher eine archäologische Grabung beauftragen (vgl. BELLITTI 2014).

Abb. 73: Von Archäologen gefunden: Pfeifenkopf mit Gesichtsdarstellung

Beim Freilegen der alten Mauern stoßen die Archäologen im nördlichen Teil wiederholt auf Kalkspuren und kommen zur Vermutung, dass es sich um eine alte Kalkgrube handeln dürfte. Beim südlichen Teil dürfte es sich aufgrund der hohen Anzahl unterschiedlicher Verfüllschichten um eine frühere Abfallgrube handeln. Beide Grubenteile sind der 2. Hälfte des 19. Jahrhunderts zuzuordnen. Im unteren Bereich konnten einige Planierungen dokumentiert werden. Die Funde aus diesen Planierungen stammen aus dem 17. oder frühen 18. Jahrhundert und sind vermutlich in Verbindung mit der Errichtung des Gebäudes zu sehen (vgl. AS-ARCHÄOLOGIE).

Alle Funde werden fotografiert, vermessen und ausführlich dokumentiert. Die Ergebnisse aller vier Archäologeneinsätze in den Jahren 2013 und 2014 sind eine wichtige Informationsquelle für die Zukunft. Bauhistorikern stehen nun zusätzliche Erkenntnisse über die Entstehungsgeschichte der Burg zur Verfügung. Ohne Beiziehung von Archäologen wäre manches vielleicht im Verborgenen geblieben oder Spuren wären zerstört worden.

Weitergearbeitet wird an der Errichtung der Außenstiege vom Saal zum Lindenhof. Auch die Stiegen im Stiegenhaus rund um den künftigen Personenlift werden hergestellt. Anfang November können die Rohbauarbeiten der Professionisten vorläufig abgeschlossen werden. Es wird aufgeräumt und alle nutzbaren Bereiche für den Adventmarkt am ersten Adventwochenende vorbereitet. Auch ein kleiner Teil des künftigen Burgsaals, noch im Rohbau und nur mit provisorischen Fenstern versehen, wird beim Adventmarkt 2014 erstmals benutzt.

Im Frühjahr 2015 beginnen die Ausbauarbeiten für die WC-Anlagen im Untergeschoß des Nordtraktes. Bis Ende Mai werden in zeitlicher Abstimmung der Professionisten die Zwischenwände errichtet und verputzt, Türen eingebaut, Elektriker und Installateurarbeiten erledigt und der Estrich eingebracht. Damit sind die Budgetmittel für dieses Jahr verbraucht, und die Professionisten räumen die Baustelle. Die Wand- und Bodenfliesen werden in Eigenregie verlegt.

Abb. 74 und 75: Rohbau WC-Anlagen

Beim G'wölbfest im Juni und bei den zum dritten Mal stattfindenden Sommerspielen im Juli 2015 stehen die neuen WC-Anlagen bereits zur Verfügung. Im zweiten Halbjahr wird im Foyer und im Burgsaal nach Vorgaben des Baumeisters der lockere alte Verputz abgeschlagen. Intensive Arbeitseinsätze des Burgteams mit Hammer, Meißel und elektrischen Bohrhämmern sind notwendig. Im September 2015 wird mit dem wieder kostenlos zur Verfügung gestellten Autokran des lokalen Elektrikers der nachgewachsene Efeu von der hohen Burgmauer im Rosengarten entfernt.

Abb. 76: Lockerer alter Verputz wird abgeschlagen.

EU-Förderung für die Burg – LEADER Region Triestingtal / ecoplus

Im Herbst 2015 gibt es starken Aufwind für das Projekt: Im Zuge eines Rundganges auf der Baustelle mit dem Vizebürgermeister der Gemeinde Weissenbach, Ing. Robert Fodroczi, kommt das Gespräch auf die neu begonnene Förderperiode des LEADER-Programmes in der LEADER Region Triestingtal. Schon im Jahr 2009 gab es mit der bereits erwähnten Förderung der Machbarkeitsstudie für das Projekt Burgsanierung eine Subvention aus diesem Programm. Nun könnte es um mehr gehen. Es folgen Gespräche mit den Verantwortlichen bei der LEADER Region Triestingtal, der übergeordneten Stelle ecoplus in St. Pölten, der Gemeinde Weissenbach und der Erzdiözese Wien. Die Möglichkeit für eine substanzielle Förderung wird greifbar und ausführliche Projektunterlagen werden erstellt. Am 21. Jänner 2016 gibt es auf Burg Neuhaus eine Sitzung der LEADER Region Triestingtal mit Vertretern aus allen LEADER-Gemeinden der Region. Das Projekt wird präsentiert und bei einer Führung durch die Burg können sich die Teilnehmer ein Bild von der Situation machen. Die anschließende Beratung führt zur Empfehlung, das Projekt aus Mitteln des LEADER-Programmes zu unterstützen. Eine Präsentation des Projektes am 1. Februar 2016 bei ecoplus im Landhaus St. Pölten ebnet den Weg für ein formelles Förderansuchen. Mit Unterstützung seitens der Geschäftsführung der LEADER Region Triestingtal werden die Antragsunterlagen und der Finanzierungsplan erstellt. Das Projekt soll auf drei Jahre angesetzt werden. Für alle Gewerke müssen genau auf diesen Zeitraum abgestimmte Angebote eingeholt bzw. vorhandene Angebote angepasst werden, inklusive Vergleichsangebote. Das geplante Veranstaltungszentrum auf der Burg muss nach Vorgaben von ecoplus mit Abschluss des Projektes fertig und benutzbar sein. Gemeinde und Erzdiözese stehen voll hinter dem Plan. Eine besondere Herausforderung stellt allerdings die Anforderung von ecoplus dar, dass die im Finanzierungs-plan 2016–2018 vorgesehenen Förderungen seitens der Erzdiözese und der Gemeinde bis Ende 2018 zugesagt und gesichert sein müssen. Subventionen wurden nämlich bisher immer nur für jeweils ein Projektjahr bewilligt. Auch die Eigenmittel der Pfarre werden von der Erzdiözese bestätigt und gesi-chert. Der Pfarre wird auch ein Kredit zur Zwischenfinanzierung gegeben. Das ist deshalb notwendig, da bei ecoplus-Förderungen die Auszahlungsanträge immer erst nach Bezahlung von Rechnungen eingereicht werden können und somit von der Pfarre vorfinanziert werden müssen. Auch diese Hürde wird genommen. Der Förderantrag kann mit allen Unterschriften eingebracht werden und wird mit 18. Februar 2016 von ecoplus zur Kenntnis genommen. Das ist auch der Stichtag, ab dem Projektausgaben angerechnet werden können. Am 28. April 2016 wird der Antrag schließlich bei einer Sitzung in der NÖ Landesregierung angenommen und formal beschlossen.

Erstmals gibt es damit im Zuge der Revitalisierung der Burg die Situation, dass das Burgteam eine für drei Jahre gesicherte Finanzierung und somit auch Planungssicherheit hat. Die Bauabschnitte für einzelne Gewerke können daher über drei Jahre hinweg so dimensioniert und vergeben werden, dass die Aufwendungen für das Einrichten von Baustellen minimiert werden können. Damit werden Kosten gespart und die verfügbaren Mittel können effektiver eingesetzt werden.

Abb. 77: Bundtramkonstruktion über dem Burgsaal

Ab 18. Februar 2016 wird auf Basis der neuen Finanzplanung weitergearbeitet. Zu-nächst wird der Dachstuhl mit einer Bund-tramkonstruktion verstärkt, damit dieser die zusätzlichen Lasten für die erforderliche Dach-dämmung tragen kann.

Anschließend folgen die Kaltdachkonst-ruktion, die Wärmedämmschicht und deren Verkleidung mit Rigipsplatten. Es werden die Brandschutzmauern im Dachgeschoß sowie die erforderlichen Brandschutztüren herge-stellt. Nach Vorgaben der Baubehörde muss über dem Stiegenhaus im Dachbereich ein Rauchabzugsfenster eingebaut werden, das sich bei Rauchentwicklung automatisch öffnet. Im Burgsaal werden zwei noch fehlende Maueröffnungen hergestellt: Die eine an der Südostecke des Saals für eine Außentür, die hier früher einmal bestanden haben dürfte und über einen wiederherzustellenden Steg in den Freibereich der Burg führen wird. Die zweite Öffnung dient zur Herstellung eines Zugangs vom Burgsaal in den Schankbereich im Nordost-Turm. Das erfolgt in enger Absprache mit dem Bundesdenkmalamt, da aufgrund der dicken alten Mauern im Turmbereich besonders auf die zu erhaltenden Baumerkmale geachtet werden muss. Im Herbst 2016 folgt die Überdachung der

Abb. 78: Die Überdachung der Weststiege ist fertig.

beim Lindenhof im Westen an den Burgsaal angebauten Stiege. Dabei wird seitens des Bundesdenkmalamtes besonderes Augenmerk auf Lage, Größe und genaue Ausführung inkl. Dachneigung und zum Bestand passende Dachdeckung gelegt. Parallel dazu arbeitet das Burgteam daran, den restlichen brüchigen alten Innenverputz von den Mauern zu entfernen und den Schutt zu beseitigen.

Nach Pflasterung des Übergangsstegs beim östlichen Saalausgang wird dieser in freiwilliger Arbeit mit einem Geländer versehen, angepasst an jenes entlang des Außenaufgangs zum Obergeschoß.

Abb. 79: Das Geländer beim neuen Übergangssteg wird montiert.

Ebenso wird das Steinmauerwerk im Südwest-Turm in Eigenleistung wiederhergestellt und mit provisorischen Fenstern versehen. Auch der Eingangsbereich zum alten G'wölb wird saniert. Er bekommt ein neues Gittertor aus geschenkten alten Gittern, die für diesen Zweck von Burghelfern stilgerecht angepasst werden.

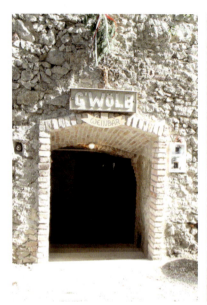 

Abb. 80 und 81: Restaurierter Eingang zum G'wölb

An der Fassade des Nordost-Turmes zum Burghof hin sind noch die starken Beschädigungen durch Granattreffer im April 1945 zu sehen. Die Fenstergewände in diesem Bereich müssen repariert und das umliegende Mauerwerk ausgebessert werden. Schließlich werden die neuen Fenster für den Nordtrakt geliefert und montiert. Nun sind alle Öffnungen im Nordtrakt geschlossen.

Nach der Herstellung des Gasanschlusses kann noch vor dem Winter die neue Gastherme für Heizung und Warmwasser in Betrieb genommen werden. Die Heizkörper im WC-Bereich und im Dachgeschoß sorgen beim Adventmarkt 2016 schon für etwas Wärme. Auch der Burgsaal, noch ohne Heizkörper, kann damit ein wenig temperiert werden.

Installation, Wandverputz und Estrich

Im Februar 2017 werden die Baumeisterarbeiten fortgesetzt. Nächstes Ziel ist der Wandverputz, dessen genaue Ausführung bereits im Vorfeld mit dem Bundesdenkmalamt abgesprochen worden ist. Erst werden die Oberflächen der Rohbaumauern vorbereitet und größere Löcher geschlossen. Dann kommen Elektriker und Installateur für die Wandeinbauten. Besonders die Elektroinstallation wurde seitens des Burgteams bereits seit den Vorjahren intensiv geplant. Es gab einen Beratungstermin mit der Kulturabteilung des Landes NÖ, welche Infrastruktur insbesondere im Bereich Medientechnik in einem Veranstaltungssaal zu empfehlen ist. Ebenso gab es mehrere Gespräche mit Anbietern für unterschiedliche technische Ausführungen. Innerhalb des Burgteams werden die Entscheidungen für die genaue Anordnung der Auslässe für Wasser, Kanal, Lichtschalter, Steckdosen, Starkstromdosen, Anschlüsse für PC, Lautsprecher, Mikrofon, Telefon, Beamer, Fernseher und Internet genau festgelegt und dokumentiert. Nach diesen Plänen erfolgt die Verrohrung. Deren genaue Lage wird vor dem Verputzen fotografiert, damit die Leitungsführung später nachvollzogen werden kann. Am 28. Februar beginnen die Verputzarbeiten.

Abb. 82 und 83: Eingangsbereich und Burgsaal fertig für den Wandverputz

Alle Wandflächen im Obergeschoß, im Stiegenhaus und im Eingangsbereich werden in einem Arbeitsgang verputzt. Gewisse Unebenheiten der fertigen Wände sind in der alten Burg durchaus passend und gewünscht. Trotzdem ist an manchen Stellen der Putz mehr als fünf Zentimeter stark, eine

Herausforderung für das Auffinden der Elektrodosen danach. Die genaue Dokumentation zuvor macht sich nun bezahlt.

Der frische Verputz kann danach trocknen und Elektriker und Installateur verlegen die Bodenleitungen. Schankraum und Küche im Nordost-Turm bekommen eine Zwischendecke für die Verlegung der Lüftungsrohre und der Elektroinstallation. Anfang April wird im gesamten Obergeschoß von einer Spezialfirma ein Styroporestrich maschinell eingeblasen. Das ist eine besonders effiziente Art der Estrichdämmung, bei der die Zwischenräume zwischen den vielen Bodenleitungen für Strom, Wasser und Heizung auf einfachem Weg mit Dämmmaterial gefüllt werden. Der Eingangsbereich und das Erdgeschoß des Stiegenhauses werden mit einer Fußbodenheizung versehen. Das unter anderem aus optischen Gründen, da sich hier keine geeigneten Stellen für die Heizkörper gefunden haben. Am 10. April wird im gesamten neuen Bereich vom Baumeister ein Zementfließestrich eingebracht. Bis zur Verlegung der Bodenbeläge kann der Estrich nun trocknen.

Ende April kommt der Maler. Die Betonstiegen werden gespachtelt und dann gestrichen. Ebenso werden alle Rigipsoberflächen – das sind die gesamten Flächen im Bereich des Daches – gestrichen. Der neue Verputz in zartem Ocker wird roh gelassen, da er einerseits möglichst lange Zeit trocknen muss und andererseits auch ohne Anstrich gut zur alten Burg passt.

Bodenbeläge

Ende Mai wird der Estrich im Foyer und im Stiegenhaus genau nach Vorgaben des Bundesdenkmalamtes mit Natursteinen aus Jurakalk belegt. Diese Platten fügen sich gut in die alten Gemäuer ein. Beim G'wölbfest am 10. Juni 2017 ist der Steinboden fertig. Für den Versorgungsbereich Catererküche und Schankraum fällt die Wahl auf einen Bodenbelag aus Kunstharz. Solche Beläge haben eine fugenlose Oberfläche, sind dauerhaft, einfach sauber zu halten und rutschfest. Sie entsprechen damit auch gewerblichen Ansprüchen. Die Verlegung erfolgt im August. Im Oktober werden nach ausreichender Trocknung des Estrichs im gesamten Saal Landhausdielen aus robustem Eichenholz verlegt.

Der Personenaufzug im Stiegenhaus

Die Gestaltung des Personenaufzuges wird schon sehr früh gemeinsam mit dem Bundesdenkmalamt geplant. Rund um den Liftturm verlaufen die Stiegen. Ziel ist es, die gesamte Liftanlage möglichst durchsichtig zu gestalten, damit der Stiegenaufgang mit den alten Mauern sichtbar bleibt. Erreicht wird dieses Ziel dadurch, dass für die Umhausung der Liftkabine und für die Kabine selbst eine Stahl-Glas-Konstruktion mit großen Glasflächen zum Einsatz kommt.

Im Frühjahr 2017 wird der Liftturm aufgebaut. Am 19. Juni werden die Liftkabine sowie die gesamte Lifttechnik angeliefert und in den folgenden Tagen eingebaut. Nach diversen Feinanpassungen, der Abnahme durch den TÜV und der Einschulung von Mitgliedern des Burgteams als Aufzugswarte erfolgt am 8. November 2017 die Übergabe des Liftes und die Freigabe für den Betrieb. Der Aufzug kann bei den Vorbereitungen für den Adventmarkt 2017 bereits verwendet werden.

Abb. 84 und 85: Einbau Personenaufzug

Abschließende Arbeiten und Fertigstellungsmeldung

Nach ausreichender Trocknung des Estrichs werden die Heizkörper im Obergeschoß montiert. Die Heizungsanlage ist damit fertig. Das Stiegenhaus bekommt Handläufe aus Nirosta-Stahl und im Obergeschoß ein Stahl-Glas-Geländer, passend zur Liftanlage. Erforderliche Handläufe bei den anderen Stiegen werden in Eigenleistung gefertigt und montiert. Ebenso werden die Sockelleisten im Bereich der Natursteinböden in Eigenleistung verlegt.

Gegen Ende November 2017 können alle Professionisten ihre Arbeiten abschließen. Die Unterlagen für die Fertigstellungsmeldung werden zusammengestellt und bei der Baubehörde eingereicht. Die Benützungsbewilligung erfolgt per 15. Jänner 2018.

Abb. 86–89: Der Burgsaal kann genutzt werden.

Ausstattung und Inventar

Die Bautätigkeiten sind abgeschlossen und die Räumlichkeiten können benutzt werden. Tische und Sessel für den Burgsaal sind geliefert. Der Eingangsbereich wird mit passenden Möbeln eingerichtet, sie wurden der Burg kostenlos überlassen. Manche Beleuchtungskörper fehlen noch, in einigen Bereichen werden kreative Eigenlösungen geschaffen. Im Schankraum gibt es bereits einen Gläserspüler und in der Küche einen Geschirrspüler, ansonsten stehen vorläufig nur provisorische Abstellflächen zur Verfügung. Professionelle Einrichtung wird es geben, sobald die finanziellen Mittel dazu vorhanden sind.

Projektkoordination

Die gesamte Projektkoordination für die Revitalisierung der Burg erfolgte durch das Team der Burg Neuhaus, also durch Pfarre und Verein. Sachlich und fachlich fanden wir immer gute Unterstützung durch das Bauamt der Erzdiözese Wien. Auch im Nachhinein sehen wir die Entscheidung richtig, die Koordination des Revitalisierungsprojektes nicht an einen Architekten zu vergeben sondern durch das Burgteam zu organisieren. Bei den Bauarbeiten in dieser sehr alten Bausubstanz mit ihren vielen Umbauten im Laufe der Jahrhunderte gab es fast wöchentlich irgendwelche Überraschungen. Immer wieder waren kurzfristige Entscheidungen für die weitere Vorgangsweise nötig. Unter solchen Rahmenbedingungen ist ein zügiges Vorankommen im Projekt nur mit großem zeitlichem Aufwand und enger Koordination der Professionisten möglich. Starke Präsenz auf der Baustelle verbunden mit guter fachlicher Expertise des Burgteams und des Bauamtes der Erzdiözese sorgten für einen reibungslosen Ablauf. Eine derart intensive Projektkoordination extern zu engagieren wäre mit hohen Zusatzkosten verbunden gewesen.

Förderung der LEADER Region Triestingtal / ecoplus

Die Förderung durch die LEADER Region Triestingtal war für das Projekt eine glückliche Fügung. Pfarre und Verein sind allen Beteiligten sehr dankbar dafür. Es ist damit möglich geworden, über das Land NÖ und ecoplus Fördermittel der Europäischen Kommission aus dem Fördertopf zur Entwicklung des ländlichen Raums auf die Burg zu bekommen. Die Revitalisierung des Nordtraktes der Burg, die letzte Etappe des Gesamtprojektes, konnte damit in relativ kurzer Zeit umgesetzt werden. Ohne diese Förderzusage über drei Jahre hinweg hätte das Projekt mit Sicherheit wesentlich länger gedauert.

Darüber hinaus war die Abwicklung der LEADER-Förderung auch eine interessante Erfahrung. Wiederholt hört und liest man, dass im Zusammenhang mit Förderungen in der Vergangenheit viel Missbrauch passiert ist, insbesondere auch mit EU-Förderungen. Als Förderwerber spürt man das insofern, als alle Anträge und Einreichungen extrem genau belegt werden müssen. Auch vor Ort wird genau geprüft. Für alle Gewerke sind Vergleichsangebote vorzulegen. Jede Position auf der Rechnung muss auf der Baustelle nachvollzogen werden können. Abweichungen vom ursprünglichen Plan oder Verschiebungen zwischen einzelnen Budgetpositionen sind zu belegen und zu begründen, auch bei Zwischenabrechnungen. Das erfordert sehr viel an Dokumentationsarbeit und Sorgfalt und kostet insgesamt sehr viel Zeit. Auf der anderen Seite scheint diese Genauigkeit seitens der Prüfer notwendig, um Missbrauch möglichst verhindern zu können. Wir hatten das Glück, bei den Förderstellen im gesamten Projekt sehr kooperative Gesprächspartner zu haben. Und so konnten wir den strengen Maßstäben ohne zeitliche Verzögerungen gerecht werden. Die geforderte Treffsicherheit der Planung bleibt in einer historisch gewachsenen Umgebung dennoch eine ganz besondere Herausforderung, weil man die zugesagte Förderung natürlich auch komplett ausschöpfen möchte. Im Projekt Burg Neuhaus ist das erfreulicherweise gelungen.

Eigenmittel und Förderungen

Förderungen für das Projekt waren immer nur dann zu bekommen, wenn für die einzelnen Projektschritte auch ausreichend Eigenmittel und Eigenleistungen eingebracht werden konnten. Pfarre und Verein arbeiten seit der Fertigstellung des Rosengartens und des Pfarrsaals im Jahre 2005 mit freiwilligen Helfern mit viel Energie daran, mit unterschiedlichen Aktivitäten Finanzmittel für die Revitalisierung der Burg zu erwirtschaften. So gibt es seit 2005 regelmäßig Hochzeiten und andere private Feiern sowie auch Firmenevents auf der Burg. Pfarre und Verein veranstalten selbst auch immer wieder Konzerte. Seit 2011 gibt es jedes zweite Jahr auch ein Sommertheater in Kooperation mit dem Wiener Kulturverein „Prometheus – Theater und Kultur". Dazu kommen jährlich das G'wölbfest und der Adventmarkt sowie die diversen kirchlichen Feste und Veranstaltungen. Zusammen mit den Subventionen der Erzdiözese Wien, der Gemeinde Weissenbach, des Bundesdenkmalamtes, des Landes NÖ, der Europäischen Union (LEADER) und privater Spender ermöglichte das die Finanzierung der Revitalisierungsprojekte. All diesen Unterstützern und Helfern sagen wir, das Burgteam, ein großes Dankeschön.

Abb. 90: Zugangsbereich zur Burg im November 2006

Abb. 91: Zugangsbereich zum Veranstaltungsbereich der Burg im Februar 2018

Ausblick

Mit dem Abschluss des Projektes „Revitalisierung Burg Nordtrakt" gehen die Aktivitäten der Pfarre und des Vereins in eine neue Phase. Veranstaltungen und Vermietungen im Pfarrsaal werden aufgrund der pfarrlichen Infrastruktur auch weiterhin nur mit Betreuung ehrenamtlicher Pfarr- und Vereinsmitglieder angeboten. Das neu geschaffene Veranstaltungszentrum im Nordtrakt und der gesamte Freibereich der Burg stehen auch ohne Beisein Ehrenamtlicher zur Verfügung. Die Burg mit Lindenhof, Burgterrasse, Aussichtsturm, G'wölb, Burgsaal, Schankbereich und Catererküche kann auch in Selbstverwaltung angemietet werden. Die gesamte Burg steht dabei für unterschiedliche Aktivitäten wie zum Beispiel Feste, Firmenfeiern, Theater, Konzerte und auch für Ausstellungen zur Verfügung. Für Vorbereitung und Service kann der Mieter selbst sorgen oder dafür Caterer oder andere Dienstleister nach eigener Wahl engagieren. Für die Pfarre und den Verein ergibt sich damit die Möglichkeit einer stärkeren Vermarktung der Burg bei gleichzeitiger Entlastung der ehrenamtlichen Helfer. Die Voraussetzungen dafür konnten in den letzten Jahren geschaffen werden.

Literatur

ASINOE, Verein Asinoe, Krems, Maßnahmennummer 04318.13.01, Bericht Oberbodenabhub Burg Neuhaus, 29.4.2013–6.5.2013, Zahl Bescheid BDA 36.883/1/2013

BELLITTI 2013, Archäologiebüro Fa. Mag. Federico Bellitti, Graz, Maßnahmennummer 04318.13.02, Bericht Oberbodenabhub Burg Neuhaus, 25.10.–27.10.2013, Zahl Bescheid BDA 36.883/10/2013

BELLITTI 2014, Archäologiebüro Fa. Mag. Federico Bellitti, Graz, Maßnahmennummer 04318.14.01, Bericht Oberbodenabhub Burg Neuhaus, 12.9.2014–14.9.2014, Zahl Bescheid BDA 36.883/sb/2014/0001-allg.

AS-ARCHÄOLOGIE, AS-Archäologie Service, St. Pölten, Bericht Burg Neuhaus, 22.9.2014-26.9.2014, Zahl Bescheid BDA 36.883/obj/2014-005-allg.

Neuhaus 1920 (Sammlung Josef Gober)

Neuhaus 2017 (Sammlung Josef Gober)

FOTOALBUM

Fotoauswahl Rita Braun

Abb. 1: Innerer Burghof um 1960 (Sammlung Müller)

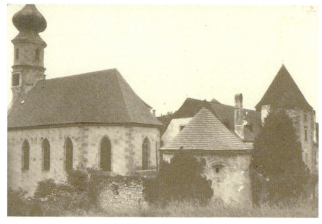

Abb. 2: Burg vor 1945 (Sammlung Müller)

Abb. 3: Kirche, Tabernakel am Hochaltar

Abb. 4: Erstkommunion 1947 (Sammlung Josef Gober)

Abb. 5: Altes Kirchenfenster

Abb. 6: Reliquien im Hochaltar

Abb. 7: Aufgang vom Rosengarten zur Burg vor 1945 (Sammlung Müller)

Abb. 8: Südansicht der Burg um 1850

Abb. 9: Umgang (Fronleichnamsprozession) 1935 (Sammlung Josef Gober)

Abb. 10: Burg mit Blick auf Siedlung (Starlingergasse)

Abb. 11: Umgang 1964 (Sammlung Josef Gober)

Abb. 12: Hochzeit Scharp-Kauer (Sammlung Josef Gober)

Abb. 13: Kirche 2017 (Foto Brigitte Fischer)

Abb. 14: Pause beim Arbeitseinsatz

Abb. 15: Burg vor 1945 (Sammlung Müller)

Abb. 16: Burg 2018 (Foto Brigitte Fischer)

Abb. 17: Alter Weg zur Burg um 1959 (Sammlung Josef Gober)

Abb. 18: Rundturm beim Friedhof 2018 (Sammlung Josef Gober)

Abb. 19: Hochburg 2007

Abb. 20: Burgruine um 1960 (Sammlung Müller)

Abb. 21: Verwachsene Burgmauern, Beginn der Renovierungsarbeiten

Abb. 22: Der Aussichtsturm ist fertig.

Abb. 23: Arbeitseinsatz

Abb. 24: Pfarrhof 2018

Abb. 25: Restaurierung des Inpruckerturms

Abb. 26: Burg 2017

Abb. 27: Nepomuksteig wird angelegt

Abb. 28: G'wölbfest 2014, Blick auf die Kirche um 23:10 Uhr

Abb. 29: 700-Jahr-Feier 1951 (Sammlung Müller)

Abb. 30: 700-Jahr-Feier 1951 (Sammlung Josef Gober)

Abb. 31: 700-Jahr-Feier 1951 (Sammlung Müller)

Abb. 32: Bild der Einladung zu den 1. Sommerspielen 2011

Abb. 33: Sommerspiele 2017 im Burgsaal

Abb. 34: Burg um 1940 (Sammlung Josef Gober)

Abb. 35: Arbeitseinsatz im Stadl

Abb. 36: Festliche Tafel im Pfarrsaal

Abb. 37: Hochzeit im Rosengarten

Abb. 38: Burgterrasse beim G'wölbfest

Abb. 39: Adventstimmung im Burghof

Abb. 40: Adventmarkt im Burgsaal 2017

Abb. 41: Adventmarkt Hochburg

Abb. 42: Kirche mit Weihnachtsschmuck

Abb. 43: Winter in Neuhaus

Abb. 44: Aufgang zur Hochburg, Winter 2015

Abb. 45: Burgansicht vor 1945 (Sammlung Müller)

Abb. 46: Großes Burgtor 1978 (Sammlung Pechhacker)

Abb. 47: Winterlicher Lindenhof 2017

Abb. 48: Burgterrasse mit Aussichtsturm Winter 2017

Abb. 49: Burgausfahrt

Abb. 50: Ort Neuhaus 2008 (Sammlung Josef Gober)

Abb. 51: Ort Neuhaus um 1914 (Sammlung Josef Gober)

Abb. 52: Hotel Neuhaus um 1980 (Sammlung Josef Gober)

Abb. 53: Ehemaliges Café-Restaurant und Hotel d'Orange 2017

Abb. 54: Behandlungsraum der Kuranstalt um 1930 (Sammlung Josef Gober)

Abb. 55: Burg im Nebel 2017

Abb. 56: Villa Siegfried (Foto Brigitte Fischer)

Abb. 57: Hotel Neuhaus um 1920 (Sammlung Müller)

Abb. 58: Postamt im Bus 1976 (Sammlung Müller)

Abb. 59: Schwarzenseer Straße Nr. 11 war bis 1945 ein
Geschäft (Foto 1955) (Sammlung Müller)

Abb. 60: Villa Anastasia (Foto Brigitte Fischer)

Abb. 61: Villa in Neuhaus (Foto Brigitte Fischer)

Villa Maria und Ferdinand Müller seit 11.10.1977

Badener Zeitung   5. 11. 1898

Neuhaus. (Baubacillus.) Noch waren die letzten der Sommerfrischler nicht fort, da begann der Baubacillus wieder sein Unwesen zu treiben. Zunächst ergriff er diesmal Herrn Bela v. Hotvany, der das sogenannte „Kronfellner-Haus ankaufte und renovierte, außerdem aber auch eine einstöckige prächtige Villa erbauen ließ. Neuerdings wurde von dem genannten Bacillus auch der hochgeborenen Herr Graf Simon Wimpffen befallen, denn in kurzer Zeit werden auf Geheiß drei neue Villen von der Berglehne stolz ins Thal herabblicken, während ein neuerbautes Stallgebäude zur Villenstadt hinaufschauen wird.

Abb. 62: Villen in Neuhaus: Bericht Badener Zeitung 1898

Abb. 63: Hotel Stefanie 2014, erbaut 1897 (Sammlung Josef Gober)

Abb. 64: Original Friseurstube 2018 (Foto Brigitte Fischer)

Abb. 65: Friseurhaus 2018 (Foto Brigitte Fischer)

Abb. 66: Teich 2017 (Sammlung Josef Gober)

Abb. 67: Neuhaus vor 1945, Forsthaus und Neugebäude (Sammlung Pechhacker)

Abb. 68: Forsthaus und Neugebäude als Ruinen 1965 (Sammlung Josef Gober)

Abb. 69: altes Feuerwehrhaus (Sammlung Josef Gober)

Abb. 70: Kaufhaus Karner - Konsum (Sammlung Mader)

Abb. 71: Neue Straße, Villa Bajadere erbaut 1911 (Foto Brigitte Fischer)

Abb. 72: Aus dem Prospekt Café-Restaurant und Kurhotel d'Orange

Abb. 73: Neuhaus 1960 (Sammlung Müller)

Abb. 74: Neuhaus, Schießl 2018 (Foto Brigitte Fischer)

Abb. 75: Peilsteinwände, Kletterparadies (Sammlung Josef Gober)

Abb. 76: Zubauarbeiten beim Glassalon 2018

Abb. 77: Villen in der Neuen Straße, erbaut um 1912 (Sammlung Josef Gober)

Abb. 78: Villa Adria restauriert (Neue Straße) (Foto Brigitte Fischer)

Abb. 79: Feuerwehrhaus 2018

Abb. 80: Cafe TimeOut 2018

Abb. 81: Festgelände am Teich vor Kirtag 2018

Abb. 82: Krampusmasken Volksbildungswerk Neuhaus 2018

Abb. 83: Krampusmasken Volksbildungswerk Neuhaus 2018

Abb. 84: Krampusmaske Volksbildungswerk Neuhaus 2018

Historisches Ambiente für Feste und Feiern

ANHANG

Burg Neuhaus und ihre Besitzer im Laufe der Jahre

Besitzer	von	bis	Jahre	Bereich der Burg
Heinrich von Habespach	1246	1251	5	Gesamte Burg
Rittergeschlecht Newenhaus	1335	1377	42	Gesamte Burg
Grafengeschlecht Ortenburg	1377	1418	41	Gesamte Burg
Adelsgeschlecht Inprucker	1390	1595	205	Gesamte Burg
Bernhard von Rabatto	20.06.1595	06.11.1595		Gesamte Burg
Adelsgeschlecht Wolzogen	1595	1628	25	Gesamte Burg
Kaiser Ferdinand II.	1628	1724	104	Gesamte Burg
1683 Zerstörung durch Türken				
Staat	1724	1830	106	Gesamte Burg
Freiherr und Freiin von Sina	1830	1860	30	Gesamte Burg
Grafen Wimpffen	1860	1941	81	Gesamte Burg
Deutsche Reichsforste	1941	1945	4	Gesamte Burg
„USIA" Russ. Besatzung	1945	1955	10	Gesamte Burg
Österr. Bundesforste	1955	1981	26	Gesamte Burg
1960 Teilung der Burg				
Fam. Huemer	1977	lfd.[*]	41	Vorburg
Pfarre Neuhaus	1981	lfd.[*]	37	Hauptburg

[*] Stand: 2018

Jahre

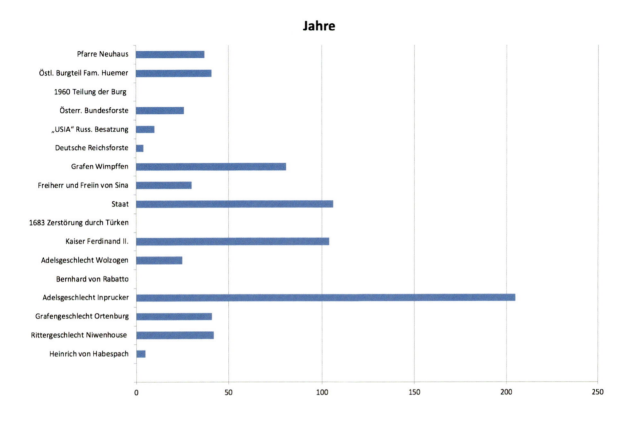

DIE SEELSORGER IN NEUHAUS 1733–2018

als Kaplan, Provisor, Kooperator, Pfarrer

Josef Hahn	19.05.1733 – 15.05.1757
Josef Fritz	30.05.1757 – 09.08.1775
Josef Halbwürth	19.09.1775 – 05.05.1805
Wenzel Hübner	27.12.1805 – 18.10.1830
Karl Pittauer	17.01.1831 – 01.08.1835
Leopold Pöckh	24.01.1836 – 28.11.1848
Karl Dörfler	– 13.04.1849
Josef Wiegand	15.04.1849 – 25.03.1858
Josef Fecher	30.11.1858 – April 1867
Josef Spinner	27.06.1867 – 05.02.1890
Leopold Wasinger	17.05.1890 – 24.05.1894
Julius Bauer	18.09.1894 – 15.08.1908
Maxentius Leeb	14.01.1909 – 15.06.1925
Viktor de Marchi	04.10.1925 – 01.03.1932
Alois Vavra	01.03.1932 – 01.04.1933
Friedrich Jaschke	01.04.1933 – 01.09.1935
Johann Schrefl	01.09.1935 – 01.12.1936

Karl Lill	01.12.1936 – 09.01.1940
Paul Wikovsky (Winkler)	02.02.1940 – 13.09.1941
Hermann Salmhofer	14.09.1941 – 31.08.1946
Josef Wellert Prof.	01.09.1946 – 31.10.1964
Herbert Radl	01.11.1964 – 31.08.1965
Herbert Berger	01.09.1965 – 31.03.2002
Antoni Ulaczyk Mag. SCJ	01.04.2002 – 31.08.2004
Christoph Cinal Pater SCJ	01.09.2004 – 31.08.2007
Karl-Heinz Wiegand Br. Sam. FLUHM	01.09.2007 – lfd.

Quelle: MADER, 175; ergänzende Informationen von Ing. Josef Müller

Pfarrgemeinderäte in der Zeit der Revitalisierung 2002–2018

Die Revitalisierung der Kirche und der Burg in den Jahren 2002–2018 wurde maßgeblich getragen von den Pfarrgemeinderäten gemeinsam mit dem Pfarrer. Sämtliche Initiativen wurden in diesem Gremium beraten und freigegeben. Dessen Zusammensetzung war wie folgt:

Pfarrgemeinderat 2002–2007

Pfarrer: Pater Antoni Ulaczyk SCJ (2002–2004), Pater Christoph Cinal SCJ (2004–2007)

Gewählte und ernannte Mitglieder:
Rita Braun, DI Franz Gober, Erich Gruber, Ferdinand Müller (ab 2006), Eva Pechhacker, Stefan Pechhacker (bis 2006), Gerhard Pölleritzer, Erna Starlinger-Huemer (bis 2006), Ingrid Schönthaler

Pfarrgemeinderat 2007–2012

Pfarrer: Br. Karl-Heinz Wiegand Sam. FLUHM

Gewählte und ernannte Mitglieder:
Rita Braun, Christine Ebster, DI Franz Gober, Angela Haubner (bis 2008), Hermine Mraczek, Ferdinand Müller, Eva Pechhacker, Gerhard Pölleritzer, Ingrid Schönthaler

Pfarrgemeinderat 2012–2017

Pfarrer: Br. Karl-Heinz Wiegand Sam. FLUHM

Gewählte und ernannte Mitglieder:
Rita Braun, Christine Ebster, DI Franz Gober, Hermine Mraczek, Michaela Mraczek,
Eva Pechhacker, Richard Reischer, Ingrid Schönthaler

Pfarrgemeinderat und Vermögensverwaltungsrat 2017–2022

Pfarrer: Br. Karl-Heinz Wiegand Sam. FLUHM

Gewählte und ernannte Mitglieder:
Rita Braun, Christine Ebster, DI Franz Gober, Gerlinde Mitterer, Michaela Mraczek,
Eva Pechhacker, Richard Reischer, Ingrid Schönthaler

Rechnungsprüfer Vermögensverwaltungsrat (neu ab 2017):
Mag. Werner Dorfmeister, Karl Grabenweger

Der Verein Burg Neuhaus 2010–2018

Der Verein Burg Neuhaus wurde im Dezember 2010 gegründet. Alle Einnahmen des Vereins fließen in die Revitalisierung der Burg Neuhaus. Die Zusammensetzung des Vereinsvorstandes seit der Gründung ist wie folgt:

Vereinsvorstand 2010–2018

Obmann:	DI Franz Gober, Neuhaus
Schriftführerin:	Rita Braun, Neuhaus
Kassierin:	Christine Ebster, Neuhaus
Rechnungsprüferinnen:	Eva Pechhacker, Neuhaus
	Ingrid Schönthaler, Neuhaus

Aktuelle Informationen: www.burg-neuhaus.at, im Menü: Verein

Dank an alle Helfer und Unterstützer

Die Wiederbelebung der Burg zeigt sich in vielen Dimensionen: Planung, Sanierung und Erneuerung, Instandhaltung und Pflege der Anlagen, Vorbereitung und Durchführung von Festen und Veranstaltungen, Bewirtungen bei Hochzeiten und Feiern sowie auch Pfarrbetrieb, Kirchenfeste und Erhalt des Brauchtums im Ort. Die entstandene Lebendigkeit bringt neues Leben auch in den Ort Neuhaus und seine Umgebung.

Ein gebührender Dank gilt allen, die zum Gelingen dieses für eine kleine Pfarre sehr großen Revitalisierungsprojektes beigetragen haben und beitragen. Viele stellen ihre Zeit und ihr Geschick bei Arbeitseinsätzen auf der Burg zur Verfügung, tragen bei Veranstaltungen dazu bei, dass Eigenmittel erwirtschaftet werden, helfen durch ihre Mitgliedsbeiträge im Verein, ihre Spenden oder mit Sachleistungen, manchmal auch regelmäßig und mit größeren Beträgen. Einige engagieren sich besonders für den Erhalt der Gemeinschaft, zum Beispiel durch Betreuung der Ministranten, Organisation der Ratschengruppen und Sternsinger oder damit, regelmäßig den „Burgtratsch" durchzuführen.

Im Namen der Pfarre und des Vereins sei an dieser Stelle allen jenen besonders gedankt, die regelmäßig immer wieder im Jahr ihre Zeit für Burg und Pfarre zur Verfügung stellen:

Ingrid Angerer	Rita Braun	Helmut Braun	Christine Ebster
Andrea Gober	Franz Gober	Erich Gruber	Henriette Heindl
Gerlinde Mitterer	Gerhard Mitterer	Andreas Mraczek	Michaela Mraczek
Hermine Mraczek	Ferdinand „Ferry" Müller	Gerhard Pölleritzer	Richard Reischer
Robert Reischer	Ingrid Schönthaler	Eva und Engelbert Pechhacker	
Eva und Fritz Pechhacker			

Gedankt sei auch für die Unterstützung bei größeren Veranstaltungen wie G'wölbfest, Sommerspielen, Adventmarkt, Konzerten oder bei besonderen Arbeitseinsätzen:

Gertraud Ackerl	Julia Angerer	Anita Angerer	Roswitha Baumgartner
Franz Blühberger	Erwin Braun	Herbert Brunner	Marion Dorfmeister
Werner Dorfmeister	Vroni Dorner	Brigitte Fischer	Rosa Fischer
Ernst Fischer	Johann Franz	Cäcilia Gober †	Josef Gober
Gerda Grabenweger	Karl Grabenweger	Erna Graf †	Eva Gruber
Othmar Haasl	Jürgen Hahn	Konrad Hartmann	Ilse Hartner
Romana Heindl	Erika Kober	Wolfgang Kober	Ernst Koumar
Karl Laaber	Bernhard Mader	Herbert Mader	Christine Mader
Monika Mader	Sabina Mader	Manfred Mayer	Maria Mayer
Georg Mraczek	Maria „Mitzi" Müller	Karl Neumeister	Michael Patzal
Susanna Patzal	Aloisia Pechhacker	Ernst Pechhacker	Hilde Pechhacker
Franz Pechhacker	Karl Pechhacker	Walter Pechhacker	Roland Perner
Andreas Pfnaisl	Katharina Pfnaisl	Hans Plank	Heidi Plank
Adele Ploderer	Wilhelm Powondra †	Elke Pranzl	Johann Redl
Franz Reischer	Andrea Satter	Anna Schornböck †	Hans Schönthaler
Martin Schönthaler	Christa Schlamp	Josef Schlamp	Annemarie Schmid
Viktor Schmid †	Andrea Steiner	Franz Steiner	Andrea Walters
Dr. Helmut Walters	Andrea Weberhofer	Christoph Weberhofer	Manfred Weberhofer

Ein herzliches Dankeschön an die Handarbeitsrunde Neuhaus unter der Leitung von Frau Eva Pechhacker für ihre großzügigen Spenden aus dem Erlös vom Adventmarkt auf der Burg:

Susanne Freundlich	Irmgard Hauer	Hilde Hickelsberger
Veronika Hollogschwandtner †	Gertrude Kolb	Brigitte Maier
Eva Pechhacker	Ingrid Pichler	Luise Rieser
Christa Schlamp	Anna Schornböck †	Monika Steiner
Ida Taborsky	Marta Tungel †	

Eine große Unterstützung waren auch Unternehmen der Umgebung mit unentgeltlichen Sachleistungen wie zum Beispiel Leihe von Baumaschinen oder Werkzeugen oder Material für diverse Arbeitseinsätze. Ein herzliches Dankeschön an:

Firma Bachner
Firma Brandstätter
Firma Johannes Lechner Installationen
Firma Müller & Partner
Franz Pechhacker
Firma Penninger
Firma Elektro Rapold
Firma Hannes Winter
Firma Zöchner Erdbau und Transport

Ein besonderer Dank gilt auch den Organistinnen Edith Gober und Margret Pfnaisl, die bei hl. Messen und anderen kirchlichen Anlässen Woche für Woche die Orgel spielen, auf die vorgesehene Vergütung verzichten und damit die Pfarre unterstützen.

Die Gestaltung der Finanzierung der Renovierungsphase seit 2002 ist am Ende des letzten Kapitels dieses Buches nachzulesen. Für die gute Zusammenarbeit und Bereitstellung von Subventionen sei an dieser Stelle besonders gedankt:

• Bei der Erzdiözese Wien: Herrn RA Dr. Erich Ehn und seinem Team in der Rechtsabteilung und im Bauamt Herrn Baudirektor Arch. DI Harald Gnilsen, seinem Team und besonders Herrn Ing. Leopold Link für seine tatkräftige Unterstützung bei technischen und organisatorischen Fragen.

• An vielen Stellen waren Vorgangsweisen mit dem Bundesdenkmalamt abzustimmen. Für das große Bemühen um gute Kompromisse und die vielen konkreten Vorschläge sind wir Herrn DDr. Patrick Schicht sehr dankbar.

• Bei der Gemeinde Weissenbach für die langjährige Unterstützung unseres Projektes: An vorderster Stelle bedanken wir uns bei Herrn Bürgermeister Johann Miedl, in dem wir immer wieder einen guten Gesprächspartner und Unterstützer für unsere Vorhaben gefunden haben.

Unser Dank gilt auch Herrn Vizebürgermeister Ing. Robert Fodroczi insbesondere für seine Initiativen beim Zugang zu Fördermitteln der LEADER Region Triestingtal und ecoplus.

- Fördermittel der LEADER Region Triestingtal ermöglichten die Machbarkeitsstudie im Jahr 2009 und insbesondere die zügige Umsetzung des letzten Bauabschnittes „Revitalisierung Burg Nordtrakt". Wir bedanken uns bei allen Gemeinden der LEADER-Region für die positive Beurteilung des Antrages, bei der damaligen Geschäftsführerin Frau DI Elisabeth Hainfellner für die gute Zusammenarbeit im Zuge der Einreichung bei ecoplus/Land NÖ und bei ihrer Nachfolgerin Frau DI Anette Schawerda für die Initiativen zur Entwicklung von Projekten zur weiteren Belebung der Burg. Danke auch an das Land NÖ und ecoplus für die positive Behandlung der Anträge.

- Dank auch an alle Spender für Ihre finanzielle Unterstützung. Namentlich möchten wir hier Herrn Dr. Gottfried Loibl und Herrn Herbert Rebl nennen, die uns mit sehr beachtlichen Beträgen unterstützen. Ein großes Danke auch an die vielen anderen hier nicht Genannten für ihre teilweise auch regelmäßigen Spenden.

Allen Gästen unserer Veranstaltungen danken wir für ihren Besuch. Auch damit unterstützen sie die Finanzierung unserer Projekte.

Dankbar sind wir auch all jenen, deren Namen trotz mehrmaliger Durchsicht nicht den Weg in diese Übersicht fanden. Wir bitten dafür um Nachsicht.

Ein großes Dankeschön gilt auch unserem Herrn Pfarrer, Br. Karl-Heinz Wiegand, der Pfarre und Verein immer in so großartiger Weise unterstützt.

Im Namen des Pfarrgemeinderates und des Vereins Burg Neuhaus

HUMORVOLLES AUS DER CHRONIK

Rita Braun

Als „Nachwort" wollen wir den Lesern nicht nur ein paar Auszüge aus dem „Neuhauserischen Kirchen Prothocol", welches „Auf Gnädigsten Befehl Sr. Hoch Fürstl. Eminenz Unseres Gnädigsten Herrn Herrn Ordinary Verfassetes Kirchen Protocol Anno 1764" (vgl. NEUHAUSERISCHES KIRCHEN PROTHOCOL (NKP)) entstanden ist, sondern auch Anekdoten, die zum Schmunzeln sind, bieten.

Beginnen wir das Nachwort mit der Vorrede:

„Eine unanständigen Sach ist es wenn wir von jenen Dingen, die uns angehen, oder mit unserem Amt verknüpft sind, keine Kenntnis haben. Bey nebens ist es sehr sträflich, wenn die so billich, als heilsame Verordnungen unserer hohen Obrigkeit bisweilen in Vergessenheit gesetzt werden.

Beyden abzuhelfen, habe Sr. Hochfürstlichen Eminenz Christophorus Cardinal aus den Grafen von Migazzi unser gnädigster Erzbischof und Herr g:g: gnädigst anzubefehlen geruhet, dass ein jeder Pfarrer und Beneficiant ein Prothocoll verfassen, und in solches 1 ten die seine Pfarr, Beneficium und Gottes Haus betreffende Merkwürdigkeiten, Stiftungen Einkünfte g:g: 2 ten die Erzbischöfliche Wienerische Decreta ordentlich eintragen solle: Diesen gnädigsten Befehl habe ich in gegenwärtigen Buch zu meinen selbst eigenen Gebrauch, und zum Unterrichte meiner Nachfolger, unterthänig gehors: beobachtet"

Josephus Fritz
Beneficiatus Curatus
zu Neuhaus

(vgl. NKP, 1)

Josephus Fritz wurde von Kaiserin Maria Theresia am 14ten Juny 1757 in Neuhaus „präsentiert".

Gestorben ist er am 9. August 1775. Eine Tafel an der Altarrückwand mit folgendem Spruch erinnert an den Seelsorger:

„Hier Ligt ein Prister Voll des Ruhms
Ein Ehr des Wahren Prister-thums
Ein Seellen-hirth der Löblich Wachte
Ein Einsams Hertz das Kristlich dachte
Ein Prediger Von Geist und Witz
Josephus Fritz".

Tafel an der Rückwand des Hauptaltars

Auch zur damaligen Zeit (um 1870) gab es „Verunglimpfungen".

Pfarrer Spinner wollte nach Trattenbach versetzt werden, da ihm dort die Pfründe sicher waren. Nur auf Versprechen des damaligen Grafen Viktor Wimpffen, sein Einkommen dem von Trattenbach, nämlich 720 fl. und 4 Klafter Buchenholz, anzupassen, bewogen ihn zu bleiben.

2 Herren des Forstamtes waren aber von „Neid und Bosheit zusammengesetzt".

„Was ich hier ausstehen mußte, bin ich nicht im Stande nieder zu schreiben, darum diese Zeilen von fremder Hand geschrieben. Diese Aufbesserung (5 Meter Buchenbrügel) habe ich 2 Jahre und 2 Monate bezogen dann wieder 39 fl. Und durch 6 Jahre kein Holz, mußte alles bei fremden Leuten kaufen." (vgl. NKP, 29) fl.= Gulden

Der hochwürdige Herr Pfarrer Josef Spinner wurde am Neujahrstage 1890 unter der Predigt auf der Kanzel vom Schlage gerührt; bewußtlos in den Pfarrhof getragen ist am 5. Jänner, ohne das Bewußtsein erlangt zu haben extrema unactione ruritus, gestorben.

(vgl. NKP, 29)

Nach dem Tode vom Pfarrer Spinner entstand folgendes Gedicht:

Hoch am Berg beim alten Schlosse,
steht ein Kirchlein lieb und traut,
feste Mauern es umsäumen,
drinn ein Gärtchen angebaut.

Friedlich drinn der Pfarrer hauste
Jeden auch willkommen hieß,
zu bewundern seinen Garten,
der ein wahres Paradies.

Tausend Blümchen aller Arten
blühten lieblich überall,

und die edlen schönen Bäumchen,
trugen süße Früchte all.

Doch wie alles muss mal enden
musst auch dieser hei'lge Mann,
alles Irdische verlassen,
zieh'n die ew'ge Lebensbahn.

Doch des Pfarrers treue Wirtin,
ei, wie boshaft sich's erwies!
Hat das Gärtchen ganz verwüstet
als das Heim sie dort verließ.

Ja da siehst du, Göttin Flora,
wie man dies hat so belohnt,
dass in solchem Paradiese,
oft auch eine Hexe wohnt!

Maria Theresias Briefe begannen folgendermaßen:

Wir Maria Theresia von Gottes Gnadn Röm. Kayserin, Wittib. Königin zu Hungarn und Bohaimb Dalmatin, Kroatin, Slavoni etc. Frz. Herzogin zu Österreich, Herzogin zu Burgund, zu Steyer, zu Kärnten und zu Krain, Großfürstin zu Siebenbürgen, Marggräfin zu Mähren, Herzogin zu Braband zu Limburg, zu Luchsemburg uns zu Geldern, zu Würtenberg, zu Ober- und Nieder Schlesien, zu Meyland, zu Mantua, zu Parma, zu Placnez und Zugstalla, Fürstin zu Schwaben, gefürstete Gräfin zu Habsburg, zu Flandern, zu Tyroll, zu Hennegau, zu Kühberg, zu Görtz und zu Gradisia, Marggräfin des Hl. Röm. Reichs zu burgau, zu ober und nieder Lausnitz, Gräfin zu Namur, Frau auf der Windischen Mark, und zu Meiheln, verwittibte Herzogin zu Lothringen und Farr, Großherzogin zu Toscano.

(vgl. NKP, 12)

1835 schrieb Freiherr von Sina an den Neuhauser Kaplan:

Euer Hochwürden!

In Erledigung Ihres Gesuches dtt. 1tn 8ber d. J. gebe ich Ihnen hiermit zur angenehmen Wissenschaft bekannt, dass ich sie heute zum Local Caplan von Neuhaus bey der hiesigen F. Erzbischöfl. Consistorium präsentierte, und um Ihre baldige Installation in spiritialibes aussuchte, indem ich wünsche, dass Sie die verliehene Lokalie unverzüglich antreten. Ich schmeichle mir, dass Sie nach Ihrer Versicherung meinen Wünschen entsprechen, und mir dadurch Veranlassung geben, bey Erledigung besserer Pfründe auf Sie bedacht nehmen zu können. Ich grüsse Sie freundlich. Winn d. 18tn xber 835

Ihr bereitwilliger Patron
Georg Freiherr v. Sina m/p

(vgl. NKP, 24)

Ordnung des Gottes-Dienst allhier Zu Neuhaus in der K.K.Schloß-Kirche ad S. Joannem Nepom:

Nur ein kleiner Auszug, denn die ganze Gottesdienstordnung wäre 12 Seiten lang!!

4. Alle Sontag Nachmittag (sehr wenige ausgenohm) wird um 1 Uhr die christl. Lehr gehalten, und nach dieser mit dem Ciborio der Seegen gegebn, darauf von dem Schulmeister nebst dem Rosenkranz die deutsche lauretanische Litaney vorgebetet. (vgl. NKP, 44)

Ohne Gewerkschaft! Zu Beginn des Schuljahres 1921/22 inszenierte die sozialdemokr. Lokalorganisation gegen den neuernannten Lehrer Schnabl einen Schulstreik, weil sie einen anderen will. Der Streik dauert nur 1 Tag.

(vgl. NKP, 71)

Begründete Entscheidung zur Errichtung eines Friedhofes in Neuhaus:

Nachdem man die allhier abgestorbenen auf Pottenstein getragenen zur Begräbnis, welches in der That sehr beschwerlich war, und viele bey allhiesiger Fabrique anwesende bey allmaliger Begräbnis von der Arbeit abgehaltn, die Arbeit versäumet gemachtet……

….einen eigen Friedhof für die zu Neuhaus absterbende in diesen Orth zu errichten….

(vgl. NKP, 71)

Merkwürdigkeiten wegen eines Schulgehülfen:

Von der k.k. Ministeral Banco Hof Deputation ist dem Bertrand Jungh Directori deren k.k. Herrschaft Fahrafeld und Neuhaus hirmit angefüget worden. Es waltet hier Orts kein anstand ob dem mit 200 fl angestellter Schulmeister zu Neuhaus Franz Schiedenberger, da dieser wegen zugleich auch zu besorgen habenden Kirchendienst alle die immer alda über 80 bis 100 befindlichen Kinder zu lehren nicht wohl möglich allein auslangen kann auf einen Normal Schuls Anordnungen kundig ihm beizustehenden Gehülfen jährlich Ein Hundert Gulten zu verwilligen

Welcher ihme Dirctori auf dem Bericht von 21 ten Juny 778 abhei zur weiters nöthigen Führkehrung hiemit bedeutet wird.

Cobenzel
Per Mins. Banc Hof Depudations

(vgl. NKP, 121)

Probleme, die es auch schon 1818 gab:

„Der alte Weg zu diesem Bergschlosse war sehr unbequem, ermüdet und besonders zur Zeit des Winters mit vieler Gefahr, nicht nur für Schul-gehenden Kinder, sondern selbst für die Erwachsenen, verbunden vorzüglich die Stiege von 75 Stufen die gerade über die gefährlichste Höhe angebracht war".

(vgl. NKP, 124)

1754 Wiennerische Erz- Bischöfliche Decreta (Erlaß):

Trompeten und Pauken werden sowohl in der Kirche, als bey deren Procession verbotten.

(vgl. NKP, 249)

Gerechte Begräbniskosten anno 1754:

„Bezahlt ein Hauptmann und Rittmeister 12 fl wenn es die Verlassenschaft zuläßt, deren Kinder bis in das 13 te Jahr 6 fl. Ein Lietenant, Fähnrich und Cornet 8 fl, wenn es die Verlassenschaft zulässt. Deren Kinder aber bis in das 13 Jahr 1 fl."

(vgl. NKP, 152)

Schauderhafte Decrete aus dem Jahre 1755!

„Vampier oder Magus Posthume solln nicht ausgegraben werden ohne Vorwissen. Bessesene oder Energumene sollen vor der Beschwörung einem ubli Consto angezeichnet werden. Gespenster sofern der Ruf ergehet, daß einige gesehn worden, solle die Sach einem ubli Consto angezeigt werden. 11. April 1755"

(vgl. NKP, 157)

Die Schreibweise ist original und entspricht natürlich nicht der heutigen Rechtschreibung. Aber alles ändert sich im Laufe der Zeit!

Literatur

NEUHAUSERISCHES KIRCHEN PROTHOCOL (NKP), aus der Kurrentschrift in Druckschrift übertragen von Ing. Josef Müller und Josef Gober, 2003–2006

Rita Braun, geboren und wohnhaft in Neuhaus, war 42 Jahre als Kindergartenpädagogin tätig. Seit ihrer Pensionierung im Jahr 2012 wurde ihr Hobby, nämlich die Burg Neuhaus zum Leben zu erwecken, für sie zur Aufgabe.

NACHWORT UND DANK

Als mich DDr. Patrick Schicht vom Bundesdenkmalamt im Zuge der vielen Gespräche auf der Burg darauf ansprach, zum Abschluss des Revitalisierungsprojektes eine Festschrift herauszugeben, ahnte ich nicht, welchen Umfang das annehmen wird. Aber je mehr ich mich damit auseinandersetzte, umso mehr gefiel mir der Gedanke. Die Festschrift schien mir eine willkommene Gelegenheit, das intensive Engagement der vielen Mitarbeiter und Helfer von Verein und Pfarre in den Jahren 2002 bis 2018 zu würdigen und gleichzeitig die Geschichte der Burg und ihrer näheren Umgebung aufzuarbeiten.

Von Herrn DDr. Schicht kam nicht nur die Anregung zur Festschrift, er brachte sich bald auch mit sehr hilfreichen Ideen zum Inhalt und auch mit zwei eigenen Texten ein. Und so entstand schließlich ein Buch mit mehr als 200 Seiten, mehreren Autoren, viel Recherchearbeit und einer großen Anzahl an Bildern aus unterschiedlichen Quellen.

Nach anfänglichen Unsicherheiten zur Durchführung des entstehenden Buchprojektes fanden wir schlussendlich mit Robert Ivancich und seinem Team im Kral Verlag eine äußerst wichtige Unterstützung. In einem gemeinsamen Gespräch wurden die Grundpfeiler des Buchprojektes festgelegt und nach Abstimmung in Verein und Pfarre und Einrichten eines zentralen Teams nahm das Projekt seinen Lauf: Rita Braun übernahm die Gestaltung einer Bildersammlung und bei Richard Reischer kam die Lektorenarbeit in erfahrene Hände.

Zu meiner großen Freude konnten wir auch Frau Prof. Mag. Helene Schießl, meine ehemalige Deutschprofessorin und selbst erfahrene Verfasserin von Büchern zu unterschiedlichen Themen der Region, für das Buch gewinnen. Sie erklärte sich bereit, die jüngere Geschichte von Neuhaus aufzuarbeiten. Mit ihr fanden wir nicht nur eine äußerst engagierte und erfahrene Autorin, beeindruckt waren wir auch von ihren umfangreichen Recherchen zum Thema. Darüber hinaus brachte sich Frau Mag. Schießl auch intensiv in die Lektoratsarbeit zu den anderen Texten dieses Buches ein.

Als Koordinator für die Erstellung dieses Buches bedanke ich mich für die großartige Unterstützung bei:

DDr. Patrick Schicht für die Idee, die grundlegenden Anregungen und für die Texte und Bilder.

Robert Ivancich für seine immer wohlwollende und großzügige Unterstützung mit seinem Team im Kral Verlag.

Mag. Ralph Gröninger für seine Bereitschaft, die Bauforschung für dieses Buch umzuarbeiten, und für die gute Zusammenarbeit.

Rita Braun, DI (FH) Erwin Braun, Brigitte Fischer, Josef Gober (Weissenbach), Franz Grill, Ilse Hartner, Christine und Bernhard Mader, Robert Niemeczek, Ing. Josef Müller, Corinna Pechhacker, Manfred Stadlmann, Bernhard Trumler und Wolfgang Winkler für die zur Verfügung gestellten Fotos, Bilder und Unterlagen sowie bei Ing. Helmut Braun und Eva Pechhacker (Schwarzenseer Straße), die regelmäßig Fotos für Pfarre und Verein und somit auch für dieses Buch zur Verfügung gestellt haben.

Ing. Josef Müller für die vielen von ihm erstellten Unterlagen zur Geschichte der Burg und des Ortes Neuhaus.

Josef Gober (Weissenbach), Walter Pechhacker (sen.), Hermine und Georg Mraczek für die Gespräche und wertvollen Anregungen zu diesem Buch.

Christine und Bernhard Mader, Eva Pechhacker (Schwarzenseer Straße) und Ingrid Schönthaler für die Durchsicht von Texten und die inhaltlichen Hinweise.

Rita Braun für die intensive Arbeit beim Zusammenstellen des Fotoalbums, für die inhaltlichen Anregungen und für die Gestaltung eines humorvollen Beitrages aus der Pfarrchronik.

Richard Reischer für das geduldige und immer professionelle Lektorat und die vielen Hinweise zur Gestaltung des Buches.

Mag. Helene Schießl für die unentgeltliche Mitarbeit und die äußerst hilfreiche, unermüdliche Korrekturarbeit an den Texten.

Unserem Pfarrer Bruder Karl-Heinz Wiegand und allen Mitgliedern im Pfarrgemeinderat und Verein für die hilfreichen Anregungen.

Unserer Grafikerin Bettina Lechner für die zielorientierte Arbeit an diesem Buch.

Ein besonderer Dank gilt meiner lieben Frau Andrea Gober für das Erstlektorat meiner Texte und vor allem auch für ihre Geduld während der vielen Stunden meiner Koordinationsarbeit an diesem Buch.

Ich freue mich, wenn dieses Buch den Leserinnen und Lesern und auch der jungen Generation Freude macht und ihnen die Geschichte der Burg und des Ortes Neuhaus näherbringen kann.

Ich freue mich auch, wenn bei der Lektüre des Buches das Bewusstsein wächst, dass man mit der revitalisierten und für unterschiedliche Anlässe nutzbaren Burg und mit den vielen alten Gebäuden eine eindrucksvolle Verbindung zur wechselhaften Geschichte von Neuhaus vor Augen hat. Vielleicht kann mit der Dokumentation der sechzehn Jahre dauernden Revitalisierungsphase der Burg auch gezeigt werden, dass in guter Zusammenarbeit mit Beharrlichkeit, Geduld, Durchhaltevermögen und einem gemeinsamen Ziel auch in unserer sehr schnelllebig gewordenen Zeit viel bewegt werden kann.

Obmann Verein Burg Neuhaus
http://www.burg-neuhaus.at

BILDERNACHWEIS

Wir danken allen, die Bilder für dieses Buch zur Verfügung gestellt haben:

Rita Braun, Neuhaus
Brigitte Fischer, Neuhaus
Josef Gober, Weissenbach
Franz Grill, Pottenstein-Fahrafeld
Mag. Ralf Gröninger, Wien
Ilse Hartner, Neuhaus
Reinhard Helmer, Neuhaus
Bernhard Mader, Neuhaus
Ing. Josef Müller, Weissenbach
Robert Niemeczek, Pressbaum
Corina Pechhacker, Neuhaus
DDr. Patrick Schicht, Krems
Manfred Stadlmann, Altenmarkt
Bernhard Trumler, Weissenbach
Verein Burg Neuhaus (Ing. Helmut Braun, Rita Braun, DI Franz Gober, Eva Pechhacker u.a.)
Wolfgang Winkler, Neuhaus

Wenn bei den Bildern nicht anders vermerkt, stammen diese in den Kapiteln 1 und 2 von den jeweiligen Autoren und in den anderen Teilen des Buches aus dem Bestand des Vereins Burg Neuhaus.

DIE AUTOREN

Mag. Ralf Gröninger

Ralf Gröninger, geboren in Hanau a. Main. Studium der Archäologie und Geschichte in Frankfurt a. Main. Seit 2008 als Bauforscher (Historische Bauforschung) in Österreich tätig. Die Untersuchungsberichte dienen vor allem dem Bundesdenkmalamt als Entscheidungshilfe bei der Beurteilung der historisch-kulturellen Bedeutung eines Bauwerkes. Zu den Spezialgebieten des Autors gehören die Erforschung mittelalterlicher Gebäude (Burgen, Bürgerhäuser, Kirchen/Klöster, Stadtbefestigungen) und die maßgebliche Mitarbeit bei den Richtlinien für Bauforschung des Bundesdenkmalamtes speziell im Bereich Stadtbefestigungen.

DDr. Patrick Schicht

Patrick Schicht, Jahrgang 1973, ist seit 2005 im Bundesdenkmalamt als Gebietsreferent tätig. Als promovierter Kunsthistoriker und Architekt betreut er das südöstliche Niederösterreich in allen Belangen der Denkmalpflege, vom kleinen Marterl über Schlossanlagen und Altstädte bis hin zur Semmeringbahn. Der persönliche Schwerpunkt liegt auf der öffentlichwirksamen Aufbereitung der Baudenkmale durch bauhistorische Studien, um so Akzeptanz und Erhalt durch Verständnis und Wertschätzung zu gewährleisten. Schicht war auch federführend bei den international einzigartigen Richtlinien für bauhistorische Untersuchungen des Bundesdenkmalamts. Folgerichtig war er auch Betreiber dieser Festschrift, um die zahlreichen überregional spannenden Erkenntnisse der baugeschichtlichen sowie archäologischen Analysen nicht in der Schreibtischlade landen zu sehen. Privat stehen zahlreiche bauhistorische Untersuchungen und aufbauende Publikationen mit dem Schwerpunkt mittelalterlicher Burgenforschung zu Buche. Herausragend sind etwa Bücher über Buckelquader als Bedeutungsträger, Salzburger Burgen als Bollwerke Gottes und Kastelle als Bauten der Macht.

Mag. Helene Schießl

Nach der Matura am BG Berndorf und der Lehramtsprüfung an der Universität in Wien unterrichtete sie zunächst in Wr. Neustadt, dann am BG Berndorf. Seit ihrer Pensionierung schreibt sie zu unterschiedlichen Themen, die auf das Triestingtal bezogen sind. Auch Neuhaus hat seinen festen Platz in einigen Arbeiten, so in der Sagensammlung „Schachermann und Bockerlfraß", im Erlebnis der Kirchen des Tales, in der Dokumentation der sakralen und profanen Denkmäler in der Marktgemeinde Weissenbach und schließlich im Ergebnis der Suche nach nicht mehr Vorhandenem und noch Bestehendem in „Mühlen, Sägen, Wasserwelten" im Triestingtal.

Dipl.-Ing. Franz Gober MBA

Nach Abschluss des Studiums Informatik an der Technischen Universität Wien und Ausbildung in Unternehmensführung im Rahmen eines Executive MBA Studiums an der Donauuniversität Krems war er in leitenden Funktionen bei internationalen Unternehmen tätig. Seit mehreren Jahren selbstständig, unterstützt er nun kleine und mittelständische Betriebe bei Projekten in den Bereichen Informationstechnologie und Unternehmensorganisation.

Für den Neuhauser sind Burg und Kirche seit Jugendjahren ein zentraler Ort. Mit dem Pfarrgemeinderat gehört er zu den Initiatoren der 2002 eingeleiteten Renovierung der Kirche und der Burg. Als Mitbegründer und Obmann des Vereins Burg Neuhaus betreibt und koordiniert er mit Aktiven des Vereins und der Pfarre die aktuellen Revitalisierungsprojekte. In den Kapiteln 5 und 6 des Buches berichtet er aus erster Hand über die Entwicklung einer verwaisten Burg zu einem Zentrum für Feste, Feiern und Veranstaltungen.

SPONSOREN

Wir danken den Sponsoren, die die Herausgabe dieses Buches mit einem Druckkostenbeitrag unterstützt haben:

ANDREAS LECHNER KG

MALEREI - ANSTRICH - TAPETEN - FASSADEN

MALERMEISTER

Tel. 02674 / 87 403
Mobil: 0664 / 350 93 07
E-Mail: office@maler-lechner.at
Internet: www.maler-lechner.at
2564 Weissenbach, Cornidesstrasse 2/3/3

EP:Elektro Rapold

ElectronicPartner

Unser Service macht den Unterschied

TV, HiFi, Video, Telekom, PC/Multimedia, Elektroinstallation, Blitzschutz, Fachwerkstätte, **Photovoltaikanlagen**

2564 Weissenbach, Weissenbacher Straße 22, Telefon 02674/87373, Fax 02674/87373-99
2534 Alland, Hauptplatz 137, Telefon 02258/20100
e-mail: office@elektro-rapold.at • Internet: www.elektro-rapold.at

---

www.muellerbaupartner.at

PLANUNG - BAUAUSFÜHRUNG - PROJEKTMANAGEMENT

MÜLLER & PARTNER

thyssenkrupp

thyssenkrupp Aufzüge GmbH
Niederlassung Wien, NÖ und nördl. Bgld
Slamastraße 29, 1230 Wien, T: +43 1 865 17 51 0
www.thyssenkrupp-aufzuege.at

Johannes Lechner
Installationen GmbH
Gas - Wasser - Heizung - Lüftung

Hainfelderstraße 72
2564 Fahrafeld
02672|83 369   0664|541 19 17

Allgemein beeideter, gerichtlich zertifizierter Sachverständiger
Konz. Steinmetzmeister
Ing. Christian Reindl

Raiffeisenbank Oberes Triestingtal

DIE REVITALISIERUNG DER BURG NEUHAUS WURDE FINANZIERT MIT UNTERSTÜTZUNG DER ERZDIÖZESE WIEN, DER GEMEINDE WEISSENBACH, DES BUNDES, DES LANDES NIEDERÖSTERREICH UND DER EUROPÄISCHEN UNION (LEADER).

LE 14-20
Entwicklung für den Ländlichen Raum

Europäischer
Landwirtschaftsfonds für
die Entwicklung des
ländlichen Raums:
Hier investiert Europa in
die ländlichen Gebiete

Stefan Smidt / Thomas Aigner

Die ehemalige Klosterherrschaft Klein-Mariazell

Ein land- und forstwirtschaftliches Gut zwischen Vormärz und Gegenwart

Die Gründung des Benediktinerstiftes (Klein-) Mariazell in Österreich im oberen Triestingtal zu Beginn des 12. Jahrhunderts markiert einen grundlegenden Wendepunkt der zivilisatorischen Entwicklung dieser Gegend, der bis in die Gegenwart nachwirkt. Nach einer bewegten Geschichte wurde das Kloster 1782 aufgehoben und im 19. Jahrhundert schließlich privatisiert. Seither war die ehemalige Klosterherrschaft bzw. das verbliebene land- und forstwirtschaftliche Gut Schauplatz einer wechselvollen Geschichte, die bestimmt wird von der Aufhebung der Grundherrschaft 1848, den beiden Weltkriegen, aber auch von verschiedenen natürlichen Einflüssen wie Borkenkäfer, Hochwasser und Eisbruch. Gegenständliches Buch zeichnet exemplarisch das Schicksal eines ehemaligen Klostergutes nach und widmet sich verschiedensten historischen, land- und forstwirtschaftlichen Aspekten. Es schreibt somit die Geschichte des aufgehobenen Stiftes in anderer Form bis in die Gegenwart weiter.

Erscheinungsdatum: September 2018
ISBN: 978-3-99024-790-7
240 Seiten, 21x21 cm
ca. € 29,90

Dietmar Lautscham

ARTHUR KRUPP

1856–1938

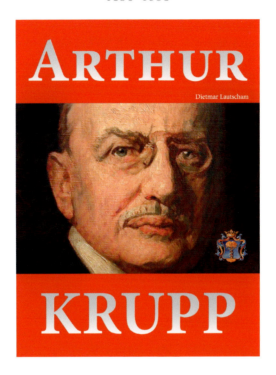

Anlässlich des 80. Todestages von Arthur Krupp erscheint dieser Prachtband in einer überarbeiteten **Neuauflage**.

Arthur Krupp wurde 1856 in Wien geboren und widmete sich nach Absolvierung der Mittelschule einem technischen Studium, teils am Technologikum in Zürich, teils an der Technischen Hochschule Berlin-Charlottenburg. Durch den frühen Tod seines Vaters wurde er in ganz jungen Jahren an die Spitze der damals in Entwicklung begriffenen Berndorfer Metallwarenfabrik berufen. Diese Fabrik, eine Gründung seines Vaters zusammen mit Alexander von Schöller zählte damals nicht ganz 300 Arbeiter. Zu Beginn des Ersten Weltkrieges zählte die „Berndorfer Metallwarenfabrik Arthur Krupp" bereits fast 8000 Arbeiter und deren Erzeugnisse, Halbfabrikate, Zier- und Tafelgeräte aus Neusilber und technische Apparaturen, hatten Weltruf erlangt. Dank seiner Energie und Schaffenskraft wurde aus dem kleinen Ort Berndorf eine Stadt mit 25.000 Einwohnern mit Wohltätigkeitsanstalten, Schulen und entsprechender Infrastruktur.

Erscheinungstermin: September 2018
ISBN: 978-3-99024-506-4
448 Seiten, 31x23 cm
ca. € 49,90

Helene Schießl / Walter Hejduk

MÜHLEN – SÄGEN – WASSERWELTEN
durchs Triestingtal aus der Vergangenheit in die Gegenwart

Auf der Suche nach den Standorten einst wasserbetriebener Mühlen und Sägen wurden auch Wehre interessant, die zum Teil im Flusslauf erkennbar, zum Teil noch erhalten sind. An ihnen entstanden Badeplätze, die heute – abgelöst von modernen Bädern – wenig genützt werden.
Abgerundet wird die Wasserwelt durch malerische Teiche.

Zahlreiche Bilder aus Privatarchiven, alte und seltene Ansichten, die hier erstmals veröffentlicht werden, sowie aktuelle Fotos runden dieses umfassende Werk zur Regionalgeschichte ab.

Erscheinungstermin: November 2018
ISBN: 978-3-99024-776-1
Ca. 250 Seiten, 23x30cm
ca. € 26,90

Helene Schießl / Walter Hejduk
Wirte, Wein und Hüttenzauber

Helene Schießl / Walter Hejduk
Greißler, Schuster, Schneider

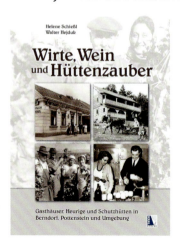

ISBN: 978-3-99024-274-2
€ 26,90

ISBN: 978-3-99024-147-9
€ 24,90

Gabriele und Christian Handl

Unser Triestingtal, Band 1

ISBN: 978-3-902447-46-3, € 19,90

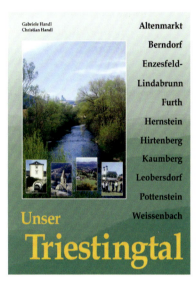

Helene Schießl / Christian Handl

Unser Triestingtal, Band 3

ISBN: 978-3-902447-24-1, € 19,90

Helene Schießl

Kapellen, Bildstöcke, Kreuze, Sakrale Hauszeichen in und um Berndorf

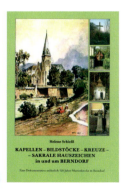

61 Seiten
ISBN: 978-3-902447-07-4
€ 10,-

Helene Schießl

Kapellen, Bildstöcke, Kreuze und Bildbäume im Gemeindegebiet Hernstein

48 Seiten
ISBN: 978-3-902447-51-7
€ 14,90

Helene Schießl

Kapellen, Bildstöcke, Kreuze und Bildbäume in Hirtenberg, Enzesfeld-Lindabrunn und Leobersdorf

80 Seiten
ISBN: 978-3-99024-020-5
€ 14,90

Helene Schießl

Klein- und Flurdenkmäler in Pottenstein, Fahrafeld und Grabenweg

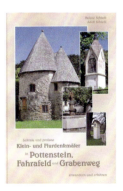

88 Seiten
ISBN: 978-3-99024-072-4
€ 14,90

Helene Schießl

Klein- und Flurdenkmäler in Weissenbach, Neuhaus, Schwarzensee

72 Seiten
ISBN: 978-3-99024-071-7
€ 14,90

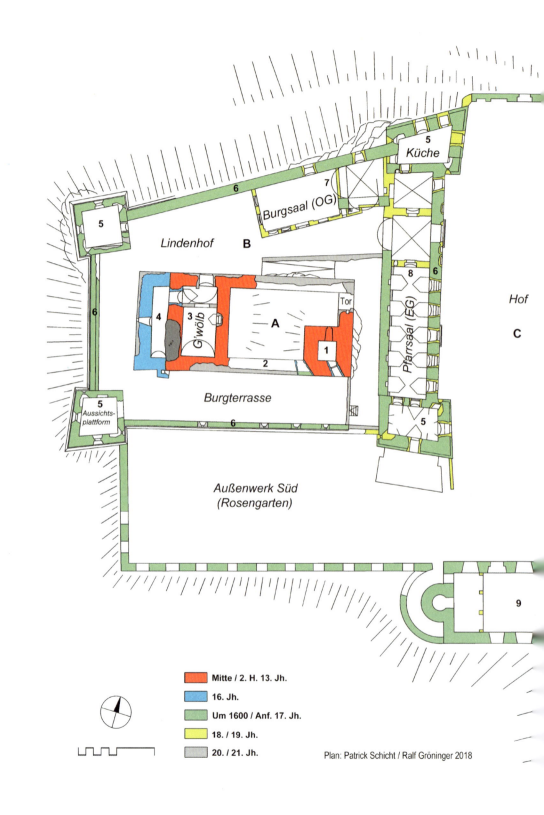

Küche

5

Burgsaal (OG)

7

6

Lindenhof

B

5

6

4

3

G'wölb

A

Tor

2

1

Pfarrsaal (EG)

8

6

5

Hof

C

5

Aussichts-plattform

Burgterrasse

6

Außenwerk Süd
(Rosengarten)

9

Mitte / 2. H. 13. Jh.

16. Jh.

Um 1600 / Anf. 17. Jh.

18. / 19. Jh.

20. / 21. Jh.

Plan: Patrick Schicht / Ralf Gröninger 2018